Gianluca De Candia

Der Sprung in den Glauben

Gianluca De Candia

Der Sprung in den Glauben

Von der existentiellen Relevanz des Christentums

HERDER

FREIBURG · BASEL · WIEN

Wenn bei Textstellen, die sich auf Personen beziehen, nur die männliche Sprachform gewählt wurde, so ist dies nicht geschlechtsspezifisch gemeint, sondern geschieht ausschließlich aus Gründen der besseren Lesbarkeit.

MIX
Papier | Fördert gute Waldnutzung
FSC® C083411

www.herder.de
Umschlaggestaltung: Verlag Herder
Umschlagmotiv: © marukopum / GettyImages
Satz: SatzWeise, Bad Wünnenberg
Herstellung: CPI books GmbH, Leck
Printed in Germany
ISBN Print 978-3-451-39634-2
ISBN E-Book (PDF) 978-3-451-83105-8

Inhalt

Einleitung

Ein großer Sprung – um dem Leben näherzukommen

Seit unvordenklichen Zeiten kommt dem „Sprung", sofern dieser metaphorisch verstanden wird, eine religiöse Bedeutung zu. Das älteste erhaltene künstlerische Beispiel dafür ist zweifellos die bemalte Abdeckplatte für das „Grab des Tauchers", das auf die Zeit vor dem 4. Jahrhundert v. Chr. (480/70 v. Chr.) datiert und in einer kleinen Nekropole unweit von Paestum gefunden wurde. Nach Ansicht der Altertumsforscher war der Verstorbene ein Eingeweihter eines Mysterienkults. Das Fresko auf der Grabplatte, das nach innen gerichtet war und dem Toten gegenüberstand, kommt einer fotografischen Momentaufnahme gleich und ist von metaphysischem Gehalt. Vor einem leuchtend weißen Hintergrund ist ein nackter junger Mann mit aufgerissenen Augen gemalt, kurz *nachdem* er von einem Turm gesprungen ist und kurz *bevor* er die azurblaue Wasserfläche erreicht hat. Die Szene strahlt eine Atmosphäre des Schwebens, aber auch der Harmonie und Gelassenheit aus: Der Tod, der wie ein Sturz ins Leere aussieht, ähnelt hier einem Eintauchen in ein einladendes kristallklares Element.[1]

---

[1] Tonio Hölscher hat eine neue, umfassendere Auslegung dieses Kunstwerkes im kulturellen Kontext der griechischen Antike vorgelegt: T. Hölscher, *Der Taucher von Paestum. Jugend, Eros und das Meer im antiken Griechenland*, Klett-Cotta, Stuttgart 2021.

In zahlreichen Gesprächen mit jungen Menschen über theologische Themen habe ich immer wieder erfahren, wie gerne sie den religiösen Glauben als einen solchen „Sprung“ ansehen. Oft wird der Glaube mit dem Unberechenbaren, Unbekannten, gar dem Absurden gleichgesetzt – ganz in jener Denkrichtung, die Tertullian mit seinem berühmten „credo quia absurdum“ ins Auge fasste: „Ich glaube, weil es absurd ist“. So wird der Glaube im Grunde mit einer Art *Vermutung* gleichgesetzt und als eine abrupte Unterbrechung *in* der Kontinuität des täglichen Lebens angesehen, als wäre dieser Glaube der Eintritt in eine Parallelwelt, auf deren Zugangsweg keine Sinnbezüge hinweisen. Dass eine solche Einsicht die Unvereinbarkeit zwischen Glauben und Vernunft voraussetzt, führt regelmäßig zu vertieften Diskussionen.

Für die vom Apriori einer Offenbarung ausgehenden Theologinnen und Theologen ist der Glaube weder willkürlich oder unvernünftig noch widervernünftig, sondern übervernünftig. Nicht eine Art von *Vermutung,* sondern ein Wechselspiel von *Überzeugung (fides quae)* und *Vertrauen (fides qua),* von analytischem und synthetischem Vermögen ist seine Erkenntnisform. Um auf unser Beispiel zurückzukommen: Wer aus bloßer Risikobereitschaft ins Meer taucht, würde dies mit geschlossenen Augen tun, ohne zu wissen, was sich auf dem Meeresgrund befindet, und würde sich in große Gefahr begeben. Der vernünftige Taucher hingegen unternimmt vor einem Tauchgang zunächst ein Erkundungsschwimmen, um die Tiefe des Meeresbodens und die Stärke der Strömungen zu prüfen. Ist die Strömung beispielsweise zu stark, kann eine falsche Körperhaltung im Moment des Aufpralls auf das Wasser gefährliche Verletzungen nach sich ziehen. Auch die Stelle, von der gesprungen

Grabplatte aus dem Tauchergrab, Nationalmuseum von Paestum

wird, muss vorher sorgfältig geprüft werden: Der Fels darf weder brüchig noch rutschig sein. Noch wichtiger ist es, darauf zu achten, dass unser natürliches Sprungbrett überhängend positioniert ist, das heißt, dass sich entlang der Flugbahn unseres Sprunges keine weiteren Felsen befinden. Schließlich muss der Körper beim Springen versuchen, eine Haltung einzunehmen, die es ihm ermöglicht, zuerst mit den Fingerspitzen, dann mit den Händen und Armen, dem Kopf (das Kinn muss sich der Brust nähern), dem Nacken, den Schultern, dem Rumpf, den Beinen und schließlich mit den Füßen ins Wasser zu gleiten. Wenn der Mensch alle diese Bedingenen überprüft hat, kann er davon ausgehen, dass sein Tauchgang eine erfrischende Erfahrung der Freiheit sein wird.

Was diese Analogie für den Glauben treffend macht, ist die Tatsache, dass in der Kunst des Tauchens Vertrauen und Überzeugung nicht zu trennen sind. Denn bei genauerer Betrachtung kann nur tauchen, wer schwimmen kann, und um zu schwimmen, muss man „Vertrauen in das Wasser" haben, indem man die Angst vor dem Untergang überwunden hat. Hier verstärken sich Vertrauen und Überzeugung gegenseitig: Je mehr Vertrauen wir in das „archimedische Prinzip" haben, desto mehr werden wir in der Lage sein, unsere Arme und Beine ruhig zu bewegen, und desto mehr werden wir die Erfahrung machen, von einer unsichtbaren Kraft gestützt zu werden, um über Wasser zu bleiben. Ein echtes Tauchen ist also eher eine Art vermittelnder Übergang als ein Sprung ins Ungewisse. Dasselbe gilt für den religiösen Glauben: Es gibt zweifellos ein Element der Unwägbarkeit im Glauben – wie in jeder echten Beziehung, in der Vertrauen gefordert ist, wie in der Freundschaft oder Liebe –, aber in ihm wachsen Vertrauen und Überzeugung sowie Sprung und Wissen, Gotteserkenntnis und Selbsterkenntnis zusammen. Was ein Sich-Loslassen erfordert – eben der „Sprung", sei es nach vorne oder nach oben – ist in all diesen Erfahrungen vielmehr eine Annäherung an das Innerste und Äußerste zugleich, ein Akt von Fremd- und Selbstverhältnis. Der Titel dieser Einleitung möchte genau diese positive gegenseitige Steigerungsdynamik heraufbeschwören: einen großen Sprung machen, um dem Leben näher zu kommen und auf die Erkundung einer Existenz vorzubereiten, die uns immer zugleich unentrinnbar nahe und unerreichbar fern bleibt. Dieser Rhythmus des gegenseitigen Wachstums bestimmt freilich die originäre Grundstruktur des christlichen Mysteriums insgesamt, die auch zum musikalischen Leitmotiv und Reigen des Gott-Welt-

Verhältnisses wird. Je mehr Gott sich in Jesus Christus erschließt, desto deutlicher tritt die wechselseitige Verwiesenheit Gottes auf den Menschen wie die des Menschen auf Gott hervor. Und je mehr sich Gott in der Geschichte entfaltet, desto mehr setzt er die menschlichen Fähigkeiten voraus und frei, so etwa Sprach- und Schriftwerdung, den Reichtum der Erfahrung und Hermeneutik, der Kunst und der Reflexion. Der christliche Gott entbindet die Möglichkeiten menschlichen Fühlens, Gestaltens und Denkens, sodass diese im Nachhinein Spiegelungen verborgener Transzendenz offenlegen mögen. Demgegenüber wäre jegliche Deutung der christlichen Botschaft als eine Art „Weltflucht" eine Fehlinterpretation. Das geoffenbarte Wort Gottes ist keine Esoterik mit einem Jargon, der für einige wenige Eingeweihte bestimmt wäre, sondern es spricht die Tiefe der conditio humana an, indem es ein neues Licht auf existenzielle Grundfragen wirft, die sich die Menschen zu allen Zeiten gestellt haben. Darauf basiert etwa die von Paul Tillich (1886–1965) maßgeblich geprägte Hermeneutik der Korrelation: „Die im Offenbarungsereignis liegenden Antworten sind nur sinnvoll, sofern sie in Korrelation stehen mit Fragen, die das Ganze unserer Existenz betreffen, also mit existenziellen Fragen".[2] So fragt er: „Wie ist es bei uns selbst? Haben wir nie nach einem *Wort vom Herrn* gefragt?" – und er lädt uns im selben Atemzug unmittelbar ein, mit der Antwort zu warten, bis die Frage selbst klargeworden ist.

---

[2] Diese theologische Methode schließt keineswegs den Vorrang der Offenbarung vor der Selbsterkenntnis aus – ganz nach dem lateinischen Motto: „quod primum est intentione ultimum est in operatione": P. Tillich, *Systematische Theologie I-II*, Bd. 1, hrsg. und eingeleitet von Christian Danz, De Gruyter, Berlin – Boston 2017, 64–70; hier: 66.

> „Wir sollten uns durch den Ausdruck *Wort vom Herrn* nicht verwirren lassen. Er klingt, als ob wir uns an eine himmlische Autorität wendeten, nachdem alle anderen Autoritäten, einschließlich die der Vernunft, versagt haben [...] Lasst euch nicht verwirren durch den Ausdruck ‚Wort vom Herrn'. Es ist kein Orakelwort, das uns sagt, was wir tun oder erwarten sollen. Aber was ist es dann? Es ist die Stimme, die *aus einer anderen Dimension* kommt als aus der, in der wir für gewöhnlich leben. Sie bricht in die Dimension der Dinge und Ereignisse ein, die wir unsere Welt nennen. Sie hilft uns nicht, die Probleme in dieser Dimension erfolgreicher zu bewältigen als zuvor. Sie bereichert in keiner Weise unser Wissen über die Faktoren, die eine Situation bestimmen, sie nimmt uns die Verantwortung für unsere Entscheidungen nicht ab. Sie tut etwas ganz anderes. Sie hebt die Situation, in der wir uns zu entscheiden haben, in das Licht einer neuen Dimension, in die Dimension dessen, was unbedingt wichtig und unendlich bedeutsam ist – wir nennen es ‚das Göttliche'. [...] Das Wort vom Herrn ist das Wort, das *aus der Tiefe unserer Situation* spricht."[3]

Diese Beobachtung, die auf dem oben erwähnten Rhythmus des „je mehr das eine, desto mehr das andere" basiert, soll nun keineswegs als eine Art des theologischen Konkordismus verstanden werden. Denn die von Tillich im ersten Band seiner Systematischen Theologie bestimmte Methode der Korrelation muss zusammengelesen werden mit der zentralen heuristischen Kategorie der „Zweideutigkeit" von Geist und gelebten Leben, Geschichte und Reich Gottes, die er im dritten Band seiner Systematischen Theologie dar-

[3] Tillich, *Das Neue Sein. Religiöse Reden. 2. Folge,* Evangelisches Verlagswerk, Stuttgart 1957, 110–119: 111f.

stellt.[4] In dieser hermeneutischen Spannung stehen auch die folgenden Überlegungen, deren Ziel es ist, dem doppelten Sprung zwischen Existenz und Christentum phänomenologische Anschaulichkeit zu verleihen. Es geht darum, eine phänomenologisch-deskriptive Beschreibung eines christlichen In-der-Welt-Seins zu versuchen und das anhand einiger existentieller Vorgänge und Erfahrungen. Damit sind wir inmitten der Übergangsphänomene, um die sich vorliegende Reflexionen drehen. Sie richten sich an ein nicht fachkundiges Publikum und können für Kolleginnen und Kollegen von Interesse sein, insofern sie eine Sympathie für ein phänomenologisch orientiertes Theologisieren haben. Dieser Ansatz geht von ereignishaften, lebensweltlichen Verläufen aus, die für den jeweiligen existenziellen Sachverhalt einen möglichst deckenden theologischen Begriff suchen, um das, was dem Glauben Evidenz gibt bzw. ihm einleuchtet, wie Gottesbejahung, Erbsünde, Christologie, Gnade, Trinität, Auferstehung, am Leitfaden der Erfahrung zu erproben und die theologischen Annahmen als existenzrelevant zu erweisen. Wenn die christlichen Annahmen wahr sind, dann nicht nur, weil sie einmal geschehen sind, sondern weil sie uns und wir ihnen jeden Tag begegnen können. Selbstverständlich kann über die hier dargestellten Interpretationen der Geburt, der Erpressbarkeit des Menschen, des Spielens, des Charmes, des Humors, der Musik, der Liebe und des Leibes kein Konsens vorausgesetzt werden. Denn diese Art fundamental-theologischer Herme-

[4] TILLICH, *Systematische Theologie*, Bd. 3, hrsg. und eingeleitet von Christian Danz, De Gruyter, Berlin – Boston 2017; vgl. DERS., *Existenzanalyse und religiöse Symbole*, in *Symbol und Wirklichkeit*, Kleine Vandenhoeck Reihe 151, Göttingen 1962, 12–28 (in GW, Bd. V, 1964, 223–236).

neutik stellt keineswegs einen apologetischen Beweis dar, sondern nur einen Aufweis und reflektiert gelerntes Spurenlesen. Im Grunde geht es um eine Mystagogie der Annäherung, um einen Diskurs, der weder beansprucht, notwendigerweise die Bejahung der Transzendenz zu vermitteln, noch, sie notwendigerweise auszuschließen. Vielmehr handelt es sich um eine phänomenologisch-theologische Hermeneutik, die einen gedanklichen Weg aufzuzeigen vermag, der die größere Plausibilität der Annahme des durch die religiöse Erfahrung vermittelten Wahrheitskerns gegenüber der gegenteiligen Hypothese – die ebenfalls im Hintergrund bleibt – anthropologisch zu erklären weiß.

An anderer Stelle[5] habe ich die hier anvisierte Deutungsperspektive als eine Hermeneutik des „positiven Vielleicht" bezeichnet und mit Verweis auf philosophische Textstellen und die Stringenz ihrer Argumentation gezeigt, inwiefern die begriffliche Tragweite dieses Adverbs selbst für den philosophischen Gottesgedanken weiter reicht, als funktional nur ein rein rhetorisches Mittel zu sein. Doch zählt das „vielleicht" unter Philosophen nicht gerade zu den häufig verwendeten Adverbien, da es eben nicht zu den klassischen Rationalitätskriterien wie Kohärenz, logischer Stringenz und Nicht-Widersprüchlichkeit gehört. Ein Überblick über das explizite Vorkommen in der philosophischen Literatur des „vielleicht" kann also nicht weit führen. Will man jedoch die hermeneutische Valenz dieses Adverbs aufdecken, kann mit einigem Recht angenommen werden – und dies gilt es zu verstehen –, dass jede metaphysische Antwort auf die

---

5 G. De Candia, *Il forse bifronte. L'emergenza della libertà nel pensiero di Dio*, mit einem Vorwort von Thomas Leinkauf, Mimesis, Milano – Udine 2021.

Gottesfrage letztlich ein „interpretatives Vielleicht" voraussetzt. Oder ist es etwa *vielleicht* nicht so, dass wir jedes Mal, wenn wir dieses Adverb aussprechen, unsere eigene Interpretation zum Ausdruck bringen? In Bezug auf die Gottesfrage stellt das „interpretative Vielleicht" aber doch mehr dar als eine bloße „Vermutung". Dieses bringt nämlich die nicht-thematisierten Hintergrundannahmen zum Ausdruck, die in jedem metaphysisch-hermeneutischen Akt verborgen sind. Diese Art epistemischer Vorentscheidung oder vorwissenschaftlichen Interesses bleibt häufig hinter der argumentativen Struktur ungenannt und doch taucht sie genau in den spekulativen Momenten auf, in denen der Gedankengang in theoretisch sauberem Vorgehen einem „Sprung" ähnelt (sei es ontologischer, dialektischer, kritisch-praktischer oder transzendentaler Art). Um modale Kategorien zu verwenden, handelt es sich bei dem „positiven Vielleicht" um ein Mögliches und eben nicht um ein Notwendiges, wie schon die Etymologie des Wortes bezeugt.

Das italienische Adverb „forse" leitet sich vom lateinischen „forsit" ab, das aus dem Ausdruck „fors sit" („es könnte sein, dass") abgeleitet ist und Wahrscheinlichkeit ausdrückt. Vermutlich stammt das „forsit" aus dem semantischen Feld des Verbs „fero" (tragen) mit der Bedeutung von „im Schoß tragen", von dem auch „fors / fortuna" (Glück) herkommt.[6] Die gleichen semantischen Nuancen klingen im französischen „peut-être" und im englischen „maybe" an, während das spanische „quizá" („wer weiß") auf den lateinischen Ausdruck „qui sapit" zurückgeht und eher das hypothetische, mutmaßliche Moment betont. Das deutsche

---

[6] F. Rendich, *Dizionario etimologico comparato delle lingue classiche indoeuropee*, Palombi Editori, Roma 2010, 517.

„vielleicht“, zumindest in seiner archaischen Bedeutung, bezieht sich auf „sehr leicht“ (leicht – *facilis*) und hatte ursprünglich eher den Charakter einer Erwartung, Vermutung oder sicheren Befürchtung als den einer hypothetischen Wahrscheinlichkeit.[7] Diese kurze lexikographische Klärung drängt darauf, die semantische Reichweite dieses Begriffszusammenhangs auszuloten.

In der Grammatik gehört das „vielleicht“ zu den Adverbien des Zweifelns; aber dieser so ausgedrückte Zweifel ist weder ein radikaler Skeptizismus noch ein willkürlich interpretativer Entwurf. Das „vielleicht“ liegt vielmehr zwischen den Adverbien der Bejahung und der Verneinung: Seine Ungewissheit ist ähnlich wie die eines *quasi, wahrscheinlich, möglicherweise.* In all diesen Fällen geht es um eine Hinwendung zu etwas, das wohl über die bloße Aktualität hinausgeht, dennoch aber in einer zu bezeichnenden Relation zu dieser Aktualität steht; gerade deshalb ist die ihm entsprechende Dialektik die der „Möglichkeit“. Mit den beiden anderen Modalkategorien „Notwendigkeit“ und „Wirklichkeit“ steht das „Vielleicht“ in einem indirekten, aber festen Zusammenhang. Wenn wir die argumentative Relevanz des Adverbs näher betrachten – so meine These – können wir drei philosophisch relevante Formen des „Vielleicht“ unterscheiden: eine konjekturale, eine amphibologische und eine hermeneutische.

Mit einem *konjekturalem Vielleicht* meine ich zunächst jenen Argumentationsvollzug, der, obwohl er die ontologische Differenz und den irreduziblen Hiatus zwischen Sein und

7 *Deutsches Wörterbuch von Jacob und Wilhelm Grimm,* 16 Bde. in 32 Teilbänden. Leipzig 1854–1961, Quellenverzeichnis Leipzig 1971, Bd. 26, Col. 236.

Begriff beachtet, dennoch mit zunehmender qualitativer Intensität relevante Argumentationsformen für eine *Annäherung an etwas* sucht. Diese Nuancierung der Beziehungsrelation meint dabei nun aber eine Annäherung an etwas, das grundsätzlich nicht vollständig begriffen werden kann – das also in jeder Bestimmung und jenseits jeder Bestimmung exzessiv ist und bleiben wird. Eine solche argumentative Form der Annäherung ist alles andere als unscharf, abstrakt oder selbstwidersprüchlich, auch wenn sie sicherlich „ungenau" in ihrer „Genauigkeit" ist. Die begriffliche Gestalt, die ihr am ehesten entspricht, ist die der Mutmaßung, entsprechend dem von Cusanus so meisterhaft ausgedrückten Konzept der *imprecisio precisa.*[8] Für ihn ist nämlich nur göttliche Erkenntnis/Selbsterkenntnis „absolute Genauigkeit" *(praecisio absoluta*[9]*)*, der Mensch hingegen – der keinen unmittelbaren Zugang zum Sein, zur Wesenheit und erst recht nicht zu Gott hat – erhält höchstens eine konjekturale Annäherung, eine Mutmaßung, die, wie genau auch immer, unendlich präzisierbarer bleiben wird.

---

[8] Der Ausdruck stammt nicht wortwörtlich von Cusanus, aber er gibt sein Konzept des konjekturalen Wissens sehr gut wieder. Vgl. dazu: Th. LEINKAUF, *Nicolaus Cusanus. Eine Einführung*, Buchreihe der Cusanus-Gesellschaft, Bd. 15, Aschendorff Verlag, Münster 2006, 111–115; DERS., *Ungenaue Genauigkeit – ein Grundgedanke des Cusanus und seine Implikationen*, im Erscheinen.

[9] CUSANUS, *De coniecturis* I, c. 11, n. 55,16; h III 57: „divina ipsa mens omnium est absolutissima praecisio"; *De docta ignorantia* II, c. 1, n. 91; h I 61: „praecisam aequalitatem solo Deo convenire"; *De coniecturis* I, c. 11, n. 55; h III 57: „divina ipsa mens omnium est absolutissima praecisio"; *Idiota de sapientia* II, h V 25: „deus est ipsa absoluta praecisio"; *Idiota de mente* c. 2, n. 60, h V 94s.: die „praecisio perfectionis" ist Zeichen der „ars infinita [Dei]", c. 3, n. 69, h V 56: „deus est cuiuscumque rei praecisio"; *De possest* n. 43, h XI/2 53: „praecisio divina".

Es gibt noch einen anderen Wesenszug, den man bei dem Versuch bemerkt, den begrifflichen Beziehungszusammenhang dieses Adverbs näher zu bestimmen: Das Vielleicht hat einen wesentlich *amphibologischen Charakter.* In diesem Wortkonglomerat stehen zwei gegensätzliche Momente in Spannung zueinander, die sich nicht in einer übergeordneten Synthese versöhnen lassen, aber auch nicht unverbunden – also einzeln und weit voneinander abliegend – wirksam sind. In der Tat lebt dieses so gemeinte Vielleicht vorübergehend zwischen zwei Welten und bewegt sich am Rande eines doppelten Abgrunds: einerseits positiv, andererseits negativ. Es kennt wohl die Geduld des *Aufschubs.* Das zeigt sich deutlich in jener Denktradition, die mehr als jede andere über das Oszillieren des „Vielleicht" nachzudenken wusste, weil sie mehr als jede andere von radikaler Unsicherheit geprägt und von einem permanenten Exodus in eine unendliche Zukunft gedrängt wird: Ich meine das Denken jüdischer Herkunft. Unter den vielen Beispielen, die man in diesem Zusammenhang anführen könnte, möchte ich mich hier auf Ernst Blochs *Zur Ontologie des Noch-Nicht-Seins* und *Das Prinzip Hoffnung,* Karl Löwiths *Zur Kritik der geschichtlichen Existenz,* Walter Benjamins *Aura des Irgendwie* und auf Emmanuel Lévinas Konzept des „Rätsels" im Gegensatz zum „Phänomen" beziehen. Darüber hinaus ist Vladimir Jankélévitchs *Le Je-ne-sais-quoi et le Presque-rien* sowie *Die Ironie* zu nennen wie auch Franz Rosenzweig, der im „Übergang" zwischen den ersten beiden Teilen seines *Sterns der Erlösung* nur im „Vielleicht" die Möglichkeit sieht, eine Beziehung zwischen Gott, Mensch und Welt zu „erahnen", denn hier „gibt [es] keine Gewissheit, es gibt nur ein sich kreisendes Rad der Möglichkeiten. Wenn steigt über Wenn, Vielleicht sinkt unter Vielleicht".[10] Rosenzweigs Passage wird von Elie Wiesel konterkariert, der in *Les portes de la forêt* feststellt: „Wir glaubten, dass die Tragödie darin besteht, dass das Mögliche unmöglich ist; das ist falsch. Das Unmögliche ist möglich, und das ist die Tragödie."[11] In diesem modalen Sinne also ist von einem „amphibologischen Vielleicht" zu sprechen.

Bekanntlich haben sich viele der oben zitierten Autoren von der jüdischen religiösen Tradition emanzipiert und tragen dennoch weiterhin die Stigmata jenes *radikalen Vielleicht* mit sich herum, an dem die messianische Hoffnung Israels hängt. In seiner jahrelangen Auseinandersetzung mit religiösen Texten hat nämlich André Neher gezeigt, wie sich das Motiv vom „Vielleicht" kontinuierlich durch das Alte Testament und ebenso durch die Philosophie des Talmuds zieht.[12] Gerade mit der Untersuchung dieser Tradition findet Neher die Spur eines „peut-être au mode majeur" (eines positiven Vielleichts), das eine neue Möglichkeit eröffnet, die uns einlädt zu glauben, dass alles sein *könnte*.

---

[10] F. ROSENZWEIG, *Stern der Erlösung*, hrsg. von Albert Raffelt, Universitätsbibliothek, Freiburg i. Br. 2002, 93.

[11] E. WIESEL, *Les portes de la forêt*, Éditions du Seuil, Paris 1964, 217.

[12] A. NEHER, *L'esilio della parola. Dal silenzio biblico al silenzio di Auschwitz*, Marietti, Casale Monferrato 1983, 237–249; ID., *L'échec dans la perspective juive*, in *Les hommes devant l'Echec*, PUF, Paris 1968, 141–161. Auch Elmar Salmann hatte dem „Vielleicht" einen Aufsatz gewidmet, in dem er dies mit den Kategorien von „Stils" und „Zeugnisses" verbindet: *La forza del forse. Il Cristianesimo come evento e fermento di uno stile possibile*, in DERS., *Presenza di spirito. Il Cristianesimo come gesto e pensiero*, Edizioni Messaggero, Padova 2000, 7–20; dt. Übersetzung: *Die Macht des Vielleicht. Christentum als Ereignis und Ferment eines möglichen Lebenstils*, in DERS., *Geistes-Gegenwart. Figuren und Formen des Lebens*, EOS Verlag, St. Ottilien 2010, 11–31.

Weiter unterscheidet Neher das positive Vielleicht von einem „peut-être au mode mineur" (einem negativen Vielleicht), das alles der Skepsis, der Abwertung, der Drohung, dass *nichts* wahr ist, aussetzt. In seiner Exegese neigt Neher jedoch dazu, diese beiden Interpretationsmöglichkeiten getrennt zu halten. Mittlerweile könnte man jedoch darauf hinweisen, dass beide Tönungen irreduzibel aufeinander bezogen sind. Das „Vielleicht" ist diese zweisichtige Herme, von der es unmöglich ist, eines ihrer beiden Gesichter auszulöschen. Welches Gesicht sich auch immer durchsetzt – das andere wird immer hinter dem stärker Hervortretenden verborgen bleiben. Manchmal ist es verdeckt, manchmal offenkundig, aber das „Vielleicht" bleibt ein Doppelwertiges. In der Tat taucht das „positive Vielleicht" verdeckt durch das „negative" hindurch, um es von innen her zu öffnen – und umgekehrt. Das positive Vielleicht ist optimistisch und sieht alles im Zeichen eines leuchtenden „Darüber-hinaus". Das negative Vielleicht neigt dazu, diese Möglichkeit zu bestreiten, kann aber nicht verbieten, dass sie existiert. Festzuhalten ist also, dass sie als verworfene Option zweiter Ordnung immerfort im Hintergrund bleibt. In beiden Fällen öffnet sich eine Tür: In die eine Richtung weitet sie den Blick zum Licht, in die andere zur Dunkelheit. Aber die Schwelle bleibt dieselbe und der Türsteher bleibt die je eigene Intentionalität, die Einzige, die den Zugang zum zustimmungsfähigen Gehalt von Überliefertem hat.[13] Damit wird das wahre Movens jedes konjekturalen und amphibo-

---

[13] Hierbei greife ich auf eine der Grundannahmen der philosophischen Hermeneutik von Luigi Pareyson zurück: L. Pareyson, *Wahrheit und Interpretation*, hrsg. und übers. von Gianluca De Candia, Philosophische Bibliothek 761, Felix Meiner, Hamburg 2023.

logischen Vielleichts deutlich; denn es ist immer der Ausdruck eines interpretativen Aktes und somit einer umfassenden vernünftigen Freiheit.

In diesem Sinne sei es der hermeneutischen Freiheit der Leserinnen und Lesern überlassen, ob die in diesem Buch beschriebenen existenziellen Unangemessenheiten unserer Lebenserfahrungen noch immer eine religiöse Sinngebung vermitteln können.

1.

Der Mensch – sich geboren

„Ein blindes Bündel, ein zart-zerbrechlicher Schlupfwinkel. Unnötig, die Augen zu öffnen, man tappte nur im Dunkel. Dennoch entwickelt der kleine Körper eine unbestimmte Art der Selbstgewissheit, nämlich, ein Selbst in einem Anderen zu sein. Er schwimmt als ein lächerliches Inselchen im Bade einer einhüllend lauen Wärme ... Bis er eines Tages in der Enge, in der er sich befindet, den unwiderstehlichen Impuls zum Aufstand spürt. Der bislang als bergend empfundene Schoß erscheint ihm nun ein Hindernis, aus dem er mit hartem Kopfstoß den Ausgang nach unten sucht. Die Revolte wird unterstützt von Zuckungen ohne jede Regel, wie sie einst den Augenblick seiner wollüstigen Zeugung begleiteten. Eine Agonie, der erste und vorletzte Todeskampf seines Lebens, führt ihn unter Blut und Schweiß zum Ausgang. Aus dem Muttermund taucht der runzlige Greis auf, ganz faltig, die Haut furchtsam blau gefärbt. Ein winziger, weinender Zwerg, ein weiteres irrendes Lebenslicht, aber auch eine Schale, ein Kern von wilder Vitalität, ein unvergleichlicher Lebenswille, der mit einem elementaren Stöhnen die Welt beurteilt und losspricht. Er ist geboren, hat zu leben begonnen, hat begonnen zu sterben."

Gesualdo Bufalino[1]

---

1 G. Bufalino, *Calende greche,* Bompiani, Milano 1992, 9f. Eigene Übersetzung.

Ich finde mich im Dasein wieder, ohne es zu merken. Dieser Urerfahrung ähnelt der Auftakt der ersten Symphonie von Gustav Mahler (1860–1911), welche eine echte Herausforderung für jeden Dirigenten darstellt. Sie soll nämlich „wie ein Naturlaut" beginnen – so der Hinweis auf der Partitur. Der erste Satz – der mit einem A beginnt, welches sich über mehrere Oktaven hinweg ausdehnt – soll sich *sehr gemächlich* einschieben und bei den Zuhörern den Eindruck erwecken, als ob er vorher schon da gewesen wäre. Man soll sich in der Sinfonie wiederfinden, genauso wie man sich in seinem eigenen Leben wiederfindet, ohne je den Anfang gewusst zu haben.[2] Wie hat mein „Ich" angefangen? Ja, es hat einen Anfang gehabt, obwohl ich lebe, als ob ich immer da gewesen wäre. Wunderbare Beispiele dafür liefern selbst Kinderfragen wie diese: „Wo war ich, bevor ich bei Euch war?" – fragt ein Kind seine Eltern. Und ein anderes Kind, nachdem es die Schöpfungserzählung gehört hat: „Was war denn vor dem Anfang?"[3]. Beide Fragen drücken eine sehr wesentliche Tendenz unserer Intentionalität aus, die sich davor scheut, die Diskontinuität des eigenen Selbst wahrhaft zu denken. Unsere Bewusstseinsabläufe verlaufen nämlich unmittelbar in einem ihnen zugrundliegenden zeitlichen Kontinuum.

Erst wenn der Mensch aus seinem unmittelbaren, alltäglichen Lebensvollzug für einen Moment „heraustritt", kann er über die „Unwahrscheinlichkeit" seines Daseins sowie die

---

[2] So L. Nono, *La nostalgia del futuro. Scritti e colloqui scelti 1948–1989*, hrsg. von Angela Ida De Benedictis e Veniero Rizzardi, Il Saggiatore, Milano 2019, eBook, 469.

[3] Letzte und andere Kinderfragen betrachtet Karl Jaspers als „ursprüngliches Philosophieren": K. Jaspers, *Einführung in die Philosophie*, Piper, München – Zürich (1953) 1971, 10–12.

„Unangemessenheit“ seiner Lebenserfahrung nachdenken. Für einen Wimpernschlag kann dabei die Vorstellung des Geheimnisses aufleuchten. Sie muss sich aber nicht zeigen. Inspiration, Entdeckung, Erkenntnis, Freizügigkeit, Entschlossenheit, Hoffnung, Liebe, gelungenes Schaffen oder Widersprüchlichkeit, Enttäuschung, Scheitern, Verrat, Schwindel, Angst, Not, Krankheit und Tod sind seit Urzeiten Initialzündungen der Reflexion, der Kunst und der Religion. Der Mensch ist das Tier, das den Überschuss solcher existenziellen Erfahrungen in Erzählung, Mythos, Bilder, Kunst, Musik, Gebet verwandeln kann. So ist auch der Gottesgedanke ein Teil der Symbolisierung und Verklärung menschlicher Urerfahrungen in einer Reflexion. Die allererste Schwelle, an der wir mit verborgenen Unangemessenheiten konfrontiert sind, ist gewiss das Ereignis unserer Geburt.

Es ist wohl wahr, dass ich mir im ersten Moment selbstverständlich bin. Ebenso kann es aber in einem Augenblick vorkommen, dass ich mich frage: Warum bin ich, anstatt nicht zu sein? Vielleicht, weil meine Eltern mich zur Welt bringen wollten? Wie konkret diese Antwort auch scheinen mag, so ist sie doch eine Art Abwehrmechanismus, mit dem das entscheidende Problem bereits vor seinem Auftreten neutralisiert wird. Kann diese aus meiner Umgebung entnommene Antwort überhaupt ausreichen? Entspricht sie der einigermaßen absoluten Einmaligkeit meines Selbst? Vor mir und nach mir wird es keinen anderen derselben Art geben. Aus der Perspektive, in der ich mich befinde, darf, kann und muss ich meine eigene Stelle in der Geschichte finden. Ich bin mir selbst aufgegeben.

Zugleich stößt diese erste scheinbare Absolutheit an die Kontingenz, an meine Endlichkeit. Ich müsste nicht notwendigerweise sein und bleibe aus verschiedenen Blickwinkeln durchaus fragil. Genau diese Disproportion von Absolutheit und Kontingenz hatte Blaise Pascal im Auge, als er schrieb: „Der Mensch ist nur ein Schilfrohr, das schwächste der Natur, aber er ist ein denkendes Schilfrohr. Das ganze Weltall braucht sich nicht zu waffnen, um ihn zu zermalmen; ein Dampf, ein Wassertropfen genügen, um ihn zu töten. Doch wenn das Weltall ihn zermalmte, so wäre der Mensch nur noch viel edler als das, was ihn tötet, denn er weiß ja, dass er stirbt und welche Überlegenheit ihm gegenüber das Weltall hat. Das Weltall weiß davon nichts".[4] Sicher, jeder Mensch ist unhintergehbar die Zentralperspektive, aus der ihm die ganze Welt erscheint; er erblickt alles in seiner Optik, von ihm her, auf ihn hin. Aber er sieht sich selbst nicht sehen, nicht laufen, nicht essen und auch nicht sein Profil. Das gehört zu den großen Geheimnissen der menschlichen Begrenztheit, und dennoch meint er, die anderen und die Welt sehen und beurteilen zu können. Nicht einmal ein raffiniertes System von Spiegeln könnte ihm ein vollständiges Bild seiner physischen Erscheinung zeigen, geschweige denn seines inneren Seins und Lebens. Deshalb ist es unausweichlich, sich positiv und selbstkritisch auch mit den Augen des anderen zu sehen. Und umgekehrt: Auch der andere dringt nur in der Konfrontation mit dem Nicht-Ich in sich selbst ein, kommt sich so auf die Spur.

Der erste Schritt wäre also, die eigene Existenz als *überwundene Unwahrscheinlichkeit* zu begreifen; der zweite, die

---

[4] B. Pascal, *Gedanken über die Religion und einige andere Themen, Pensées sur la Religion et sur quelques autres sujets*, Jean-Robert Armogathe (Hrsg.), Ulrich Kunzmann (Übers.), Stuttgart 2012 [Zählung nennt zuerst die Lafnummer, dann die klassische Nummerierung nach Brunschvicg], 200/347, 140 f.

Unangemessenheit von Zufälligkeit und Absolutheit meines Selbst zu sehen: inmitten einer so großen Zufälligkeit meines Daseins eine noch größeren „Notwendigkeit", mindestes für mich: ich. Demgegenüber muss man fragen: Lässt sich nun diese seltsame Mischung zwischen „Notwendigkeit" meines Ichs und „Zufälligkeit" meines Daseins ein für alle Mal klarstellen? Lässt sich meine absolute Einzigartigkeit aus sich selbst heraus erklären? Von der Welt her gibt es keine Antwort darauf, sondern allenfalls einen Hinweis, dass das, was ich „Ich" nenne, eine Vor- und Aufgabe ist.

Versuchen wir, diese Tatsache zu vertiefen: *Ich komme ganz von meinen Eltern her, bin aber nicht deren Produkt.* Ich bin nicht mit meinen Eltern identisch. Zunächst bin ich auch nicht das biologische Ergebnis des genetischen Codes meiner Eltern. Am Anfang meiner Existenz steht ja ihre mehr oder weniger bewusste Initiative, aber meine Eltern haben mich nicht aus einem „Katalog" gewählt. Meinen Namen habe sie sich zwar ausgesucht, aber nicht die Farbe meiner Augen, mein Aussehen und noch weniger meinen Charakter. Sie mussten mich empfangen. Ich bin ein unbekannter Gast, den sie eines Tages „adoptiert" haben. Und umgekehrt: Ich wurde nicht gefragt, meine Eltern zu wählen; vielleicht stimme ich auch deswegen nicht restlos mit ihnen überein. Dasselbe gilt für meine Geschwister oder Verwandten. Auch sie musste ich als „Gäste" empfangen. Genau aus der Anerkennung dieser meiner Herkunft erwächst die Fähigkeit, meine Gegenwart und Zukunft frei zu gestalten. Je mehr ich meine Verbindlichkeit und Andersheit gegenüber meinen Eltern erfahre, desto mehr komme ich in die Lage, „Vater" beziehungsweise „Mutter" meines Selbst zu werden. Das alles heißt: Ich kann mich selbst nicht erklären, nicht einmal von meinen Eltern her, sondern ich muss mich annehmen und mein Leben gestalten. Aber wer und was bin ich überhaupt?

Mit dieser Frage kommt der Mensch nie ganz zurecht, weil das Proprium eines jeden nur bis zu einem gewissen Grad sagbar ist. Von der Individualität des Einzelnen kann man nicht ein für alle Mal sagen, was sie ist, sondern stets lediglich die Richtung zeigen, in der eine der zahlreichen virtuell unendlichen angemessenen Interpretationen zu suchen wäre – wobei jede von ihnen dennoch ungenügend bleiben würde. Diese Unerschöpflichkeit des Individuums und dessen Interpretationen werden in einem Gedicht von Patrizia Valduga (1953) folgendermaßen auf dem Punkt gebracht:

> „Ich bin immer so gewesen, wie ich bin /
> auch als ich nicht so war, wie ich bin /
> und niemand wird je wissen, wie ich bin /
> weil ich nicht nur so bin, wie ich bin."[5]

Was ist ein biographisches Werden, wenn nicht ein Prozess, in dem die eigene Identität ihre Eigenschaften erfährt, bewährt, bewahrt, verwandelt und bisweilen auch einen großen Sprung machen muss, damit sie sich selbst näherkommt? Dabei setzen wir den Menschen als dasjenige Wesen voraus, das nichts besitzt außer dem Wissen, dass es dieses „Wesen" immer wieder suchend gewinnen muss.

---

[5] P. Valduga, *Centurie*, in *Letteratura italiana. Il Novecento: Scenari di fine secolo*, a cura di Nino Borsellino e Lucio Felici, Vol. 1, Garzanti Grandi Opere, Firenze 2001, 171: „Io sono sempre stata come sono / anche quando non ero come sono / e non saprà nessuno come sono / perché non sono solo come sono". Eigene Übersetzung.

Der Gewinn ist kein Besitz, denn er muss beständig wiedergewonnen werden – das ist seine Besonderheit und sein Reichtum, aber auch seine Mühsal. Und das gilt nicht nur für die eigene persönliche Identität, sondern auch für alle damit verbundenen Realitäten wie etwa Vertrauen und Liebe: Sie sind keine Eigenschaften, die man ein für alle Mal erlangt. Die Anerkennung dieser existentiellen Situation zeigt, wie tiefsinnig die Antwort auf meine Existenz sein sollte. Doch selbst dieser erste Schritt bestimmt noch nicht den vollen Umfang dessen, was meiner Geburtserfahrung zugrunde liegt. Denn ich könnte ja aus bloßem Zufall ins Dasein geworfen worden sein. Halten wir fest: Am Anfang steht nicht ein eigener Entschluss zu sein. Es war nicht meine Initiative, zur Welt zu kommen. Vielmehr steht jemand am Anfang, der mich mir gegeben hat. Ob all das aus Absicht oder aus Zufall geschehen ist, verändert diese Evidenz nicht. Unser Anfang ist unser Eigenstes und doch sind wir ihm nicht Herr.

Damit ist eine andere Einsicht verbunden, so paradox sie zu sein scheint: *Vor meinem Anfang war ich schon „angefangen"*. Dies gilt gerade deshalb, weil mein Anfang nicht von jeglicher vorherigen Bindung gelöst ist. Eine sehr lange Geschichte ging mir voraus. Die Geschichte meiner Eltern, meiner Familie, meiner Zeit. Mir wurden ein Erbgut, ein „Vaterland" und eine „Muttersprache", eine Kultur und Tradition gegeben. Bis hin zu jenen letzten Bestimmungen, die meine soziale Identität überhaupt ausmachen, wie etwa Vor- und Nachname, habe ich alles empfangen. Selbst die Gewissheiten über meine Geburt sind mein Eigenstes und doch stehen sie mir nicht unmittelbar zur Verfügung. „Du bist am Mittwoch früh morgens geboren. Obwohl es Winter war, gab es eine herrliche Sonne." „Etwa drei Tage nach deiner Geburt ist Folgendes passiert". Wir sind mit derartigen Erzählungen und vielen anderen Anekdoten über unsere ersten Tage und Jahre vertraut. Was aber, wenn jemand aus dubiosen oder legitimen Gründen die Wahrheit über unsere Geburt versteckt hätte? Spontan würden wir nie an den Erzählungen unserer Eltern zweifeln, obwohl wir keine Zeugen waren. Auch die Geburtsurkunde hängt von einer Zeugenaussage ab. Wir sind wohl davon überzeugt, dass die Erzählungen unserer Eltern über unsere ersten Tage, Monate und Jahre wahr sind. Woher kommt diese gerechtfertigte Überzeugung? Sicherlich ist sie nicht von der Art apodiktischer oder mathematischer Wahrheiten. Vielmehr handelt es sich um eine moralische Überzeugung, die durch ein Zusammenspiel von Begegnungen, Erzählungen, Erfahrungen, Impressionen, Gefühlen, in ihrer Konvergenz und in ihrer Übereinstimmung unsere moralische Gewissheit ausmachen. Eine erhellende Metapher für diese Art von Gewissheit als Konvergenz von für sich genommen zerbrechlichen, aus der Erfahrung gewonnenen Faktoren stellt John Henry Newman (1801–1890) vor: Wie ein solides Metallkabel aus vielen dünnen Drähten besteht, die in sich zerbrechlich sind, so stellt sich auch unsere Gewissheit dar.

Ein *Urvertrauen geht mit unseren Anfängen einher* und von da aus macht es die Verlässlichkeit unserer Weltbeziehung aus. Gewiss kann jeder dem Urvertrauen am Anfang seiner Existenz eine konkrete Kontur geben. Auch der Glaube hat mit dieser Art von Vertrauen zu tun. Von tiefster Glaubwürdigkeit ist es für den religiösen Menschen, dass ein positives Geheimnis hinter den Unangemessenheiten seiner Existenz liegt: Ich bin irgend jemand und doch liegt eine absolute Perspektive über dieser Welt. Ich komme von meinen Eltern und doch bin ich nicht mit ihnen identisch – manchmal fühle ich mich sogar fast wie vom Mond gefallen. Ich bin endlich und strebe nach Unendlichem. Ich bin sterblich und lebe, als ob ich nie sterben würde. Ich leide und empfinde diese Schmerzen als ungerecht. Mein Leben ist voller Güter und sucht doch immer wieder neue Lebenserfüllung. Ich bin einfach ich selbst und möchte doch „mehr Ich" werden. Und „das Gute, das ich will, das tue ich nicht; sondern das Böse, das ich nicht will, das tue ich." (Röm 7,19).

Wie positioniere ich mich zu all diesen großen Unangemessenheiten, die das menschliche Leben prägen? Wer hat mich mir gegeben und warum? Wurde ich ins Dasein geworfen oder wurde ich von jemandem gerufen? Bin ich nur Ergebnis eines Zufalls, bin nur so gering? Woher kämen dann meine spontane Grundeinstellung und das Urvertrauen, das meine Biografie aufrechterhält? Im Unterbewusstsein dieser Fragen verläuft etwas, dessen tiefsinnige Relevanz die Gottesfrage aufwerfen mag. Denn vor dem Ernst dieser Fragen bleibt jede biologische oder psychologische Erklärung – so wichtig sie auch ist – zurück. Demgegenüber ist es nicht sonderlich spekulativ zu vermuten, dass die Antwort auf diese existenzrelevanten Fragen an ein Geheimnis rührt. An sich betrachtet stellen sie nämlich keine bloßen Probleme dar, die einfach nach einer endgültigen Lösung verlangen. Sie sind keine „Kreuzworträtsel", die, einmal gelöst, keinen mehr interessieren. Vielmehr sind wir mit Fragestellungen konfrontiert, die eher eines geheimnisvollen Wortes als eines Schlusswortes bedürfen – vorausgesetzt, dass der Menschen als dasjenige Wesen verstanden wird, das nichts besitzt, außer auf die Art und Weise, dass es dieses Wesen immer wieder suchend gewinnen muss. Demgegenüber besteht die Besonderheit des christlichen Geheimnisses gerade darin, dass wir, je tiefer wir in dieses eindringen, desto mehr über uns selbst aufgeklärt und zugleich emporgehoben werden, und dass sich die Überschwänglichkeit des Geheimnisses als unerschöpflich erweist. Das, was unsere Bemühungen jedes Mal auf diesem Weg erreichen, beleuchtet nur den nächsten Schritt und stellt keineswegs ein Ende unserer Suchbewegung dar. Wenn es plausibel ist, dann mag oberhalb der Serie wundersamer Zufälle, die mein „Ich" ermöglicht haben, eine Gegenwärtigkeit erscheinen, die die Vernunft bestenfalls im Modus einer opaken Silhouette hinter einer undurchsichtigen Glaswand erahnen kann.

2.

Der erpressbare Mensch

„Was ist mir näher als mir selbst,
und doch bin ich ein Feld von Schwierigkeiten"
AUGUSTINUS VON HIPPO[1]

Milan Kundera erzählt eine Geschichte, die wirklich passiert ist: Eines Tages besuchte er eine alte Freundin[2]. Sie war lange Zeit Mitglied der Kommunistischen Partei, bis ab 1949 die stalinistischen Prozesse in Prag mit einem Mal die zerstörerische Seite dieses totalitären Systems offenbarten. Hunderte von Kommunisten wurden festgenommen, inhaftiert und an den Pranger gestellt für Verbrechen, die sie nicht begangen hatten. Das Hauptmerkmal dieser Prozesse könnte man durchaus als *kafkaesk* bezeichnen: Die Angeklagten mussten „ihr gesamtes bisheriges Leben bis ins kleinste Detail untersuchen", um nach ihrer verborgenen Schuld zu suchen. Mit einer Atmosphäre ausgeprägter Paranoia sorgte Stalin dafür, dass der Mechanismus perfekt wurde, was Angeklagte sogar dazu führte, rein imaginäre Verbrechen zu gestehen. Emblematisch ist der Satz, den Rudolf Slánský, Generalsekretär der tschechoslowakischen kommunistischen Partei, beim Besteigen des Schafotts sprach: „Danke, ich bekomme, was ich

[1] Nach AUGUSTINUS VON HIPPO, *Confessiones*, lib. 10, cap. 16: „Quid autem propinquius meipso mihi? Ego certe laboro hic et laboro in meipso: factus sum mihi terra difficultatis et sudoris nimii".
[2] M. KUNDERA, *L'arte del romanzo*, Adelphi, Milano 1988, 155–157.

verdient habe".[3] Der große Endprozess war eine Bühne, auf der die Verurteilten die Rolle spielten, die ihnen von ihren Henkern auferlegt wurde: die Rolle der Schuldigen.

Die Freundin von Kundera jedoch weigerte sich damals, sich auf dieses perverse Spiel einzulassen. Sie war nicht erpressbar! Daher beschloss sie fest, gerade nicht ihre angebliche Schuld zu suchen. Diese Hartnäckigkeit machte sie für einen Schauprozess völlig unbrauchbar, sodass sie tatsächlich der Hinrichtung entgehen konnte. Zur lebenslangen Freiheitsstrafe verurteilt, wurde sie schließlich nach fünfzehn Jahren vollständig rehabilitiert. Zum Zeitpunkt ihrer Inhaftierung war ihr Sohn ein Jahr alt, als sie nach Hause kam, umarmte sie ihn im Alter von sechzehn Jahren. Beide hatten eine leidenschaftliche Zuneigung zueinander.

Als Kundera sie besuchte, lebten die beiden bereits seit zehn Jahren zusammen. Er betrat die Wohnung der Freundin und fand sie unter Tränen. Sie sagte, sie sei aufgewühlt gewesen und habe sich von ihrem Sohn verletzt gefühlt. Der Grund dafür war ganz unspektakulär: Anscheinend war der Junge an diesem Morgen zu spät aufgestanden. Kundera sagte zu ihr: „Warum regst du dich über eine solche Kleinigkeit auf? Ist es das Weinen wert? Du übertreibst!". Anstelle seiner Mutter antwortete aber der junge Mann: „Nein, meine Mutter übertreibt nicht. Meine Mutter ist eine hervorragende und mutige Frau. Sie konnte widerstehen, als alle nachgaben. Sie will, dass ich ein ehrlicher Mann werde. Es stimmt, ich bin spät aufgestanden, aber was meine Mutter mir vorwirft, ist etwas Grundsätzliches; es ist meine Einstellung. *Ich möchte so werden, wie meine Mutter mich haben*

---

[3] Vgl. *Státui ústredni archiv* [Staatliches Zentralarchiv] Prag, Fond Komise II, Bd. 25, Einheit 504.

möchte. Und das verspreche ich ihr auch vor Ihnen". Tief beeindruckt von dieser Szene kommentiert Milan Kundera an dieser Stelle schlicht: „Was die Partei mit der Mutter nie geschafft hat, hat die Mutter nun mit dem Sohn geschafft. Sie hatte ihn gezwungen, sich mit einer absurden Anschuldigung zu identifizieren, *nach seiner Schuld zu suchen,* ein öffentliches Geständnis abzulegen. Ich beobachtete verblüfft diese Szene eines stalinistischen Miniprozesses und erkannte plötzlich, dass die psychologischen Mechanismen, die in großen historischen Ereignissen wirken (und die unglaublich und unmenschlich erscheinen), identisch sind mit denen, die diese privaten (sehr trivialen und sehr menschlichen) Situationen bestimmen."[4]

Wegen ihrer offenbarenden Kraft hat mich diese Seite von Kundera immer nachdenklich gemacht. Wie es anders kaum sein könnte, erzählt er die Anekdote in einem seiner Kafka gewidmeten Essays. Der springende Punkt in Kafkas Poetik, also dasjenige, was seine Geschichten surreal und schonungslos erhellend macht, ist in der Tat die Umkehrung der Rangordnung zwischen Schuld und Strafe. Was bedeutet das? Bekanntlich setzt die Strafe seit jeher und in allen Kulturen ein Verbrechen voraus: Derjenige, der eine Untat begeht, muss den zugefügten Schaden durch eine angemessene Strafe büßen. Nicht selten sucht der Täter, wie z. B. Raskolnikov in *Schuld und Sühne,* freiwillig die Bestrafung, um die Schande zu mildern, die durch das von ihm begangene Übel verursacht wurde. Es liegt also in der Natur der Sache, dass *die Schuld die Strafe sucht.* Doch im Gegensatz zu Dostojewski kehrt Kafka das Verhältnis zwischen Schuld und Strafe um, sodass es nun die Strafe ist, die

[4] M. Kundera, *L'arte del romanzo,* 156 f. Eigene Übersetzung.

nach Schuld sucht. Wie gnadenlos diese Umkehrung der logischen Reihenfolge von Schuld und Strafe ist, lässt sich in seinen Romanen leicht erkennen. Seine Protagonisten finden sich in einer Situation wieder, in der sie schuldig sind und unter gerichtlicher Anklage stehen. Zunächst weiß der Angeklagte nicht, was ihm vorgeworfen wird, und er kann es auch nicht wissen, weil er nichts wirklich falsch gemacht hat. Wie ist es dann möglich, dass sich alle über seine Schuld einig sind? Das Leben verwandelt sich in ein auswegloses Verhör: Der Protagonist empfindet die Spiegelung seines Gesichts in den Augen seines Anklägers allmählich als unerträglich, genauso die Vervielfachung desselben anklagenden Blicks an jeder Straßenecke, das Verschwinden jeglicher Grenze zwischen Öffentlichem und Privatem, die Verdichtung der Dunkelheit, die Verletzung seiner eigenen natürlichen Intimität.

In der großen Maschinerie des Verschuldens wird an diesem Punkt die Feder ausgelöst, die das Getriebe der Selbstverschuldung antreibt: Der verurteilte Straftäter wird aufgefordert, *sich zu rechtfertigen,* aber er sieht, dass ihm dies unmöglich ist – nicht nur, weil aus seiner Welt jede Unschuldsvermutung verbannt ist, sondern vor allem, weil sich kein Mensch restlos rechtfertigen kann. Die Luft lässt sich nicht mehr atmen, die Absolution wird unmöglich. Durch einen unterbewussten Tunnel taucht nun die Kraft des Grundsatzes „nulla poena sine iudicio“ mit all seiner Unausweichlichkeit wieder auf, obwohl dieses Gesetz nur das Absurde verdoppelt. Der Unglückliche macht sich nämlich selbst zum Richter, denn es scheint ihm der einzige ihm gebliebenen Spielraum zu sein, sein eigener Ermittler zu werden. Also macht er sich fatalerweise auf die Suche nach Beweisen, die – paradoxerweise – die Absurdität des Urteils, das wie ein Damoklesschwert über seinem Kopf hängt, eindämmen. Dann wühlt er nervös in der Schublade seiner Erinnerungen, um zu sehen, welche Sünde unter den undurchdringbaren Erfahrungen seines Herzens die passende wäre. Dies tut er, bis er endlich den Beweis für seine eigene Schuldhaftigkeit findet (die in Wahrheit nur Ausdruck menschlicher Fragwürdigkeit ist) und ihn den Henkern in die Hand drückt, verbunden mit der Bitte, dass er endlich hingerichtet, dass das Verbrechen öffentlich verkündet wird. Jetzt hat die Strafe ihre Schuld gefunden, jetzt kann der Vorhang tragischerweise fallen.

Auf den ersten Blick könnten wir Kafkas Botschaft sofort beiseitelegen, da ihre umgekehrte Logik allzu übertrieben erscheinen mag. Zweifellos treibt Kafkas Poetik die Verschuldungstechnik auf die Spitze, was uns jedoch keineswegs daran hindert, den Wahrheitskern zu untersuchen, den sie ebenso enthält und der gestern wahr gewesen ist, heute wahr ist und morgen wahr sein wird. Man könnte seine Romane wohl als politische Kritik an totalitären Regimen lesen oder in einem moralischen Sinne als Beweis dafür, wie weit verbreitet der Impuls ist, den anderen zu beschuldigen, und wie rätselhaft und angeboren das Schuldgefühl sein kann. Doch wir müssen tiefer bohren, denn das Wesen dieses Mechanismus entzieht sich dem guten Willen Einzelner und der wohltuenden Rationalisierung. Und an dieser Stelle kommt die von Kundera erzählte Mutter-Episode ins Spiel, die ebenfalls mehrere Bände ernsthafter Überlegungen über die Unzulänglichkeit von Moral füllen könnte.

So klar das Bewusstsein der Frau auch gewesen war, mit welchem sie sich gegen die perverse Erpressung ihres Henkers durchsetzen konnte, so schmerzhaft war auch der Preis, den sie zahlen musste, wiederholt die Mutter denselben Mechanismus, den sie zuvor erlitten und verachtet hat, und fügt ihn nun der Person zu, die sie am meisten liebt, ihrem Sohn. Sie tut dies aber mit einer äußerst feinen Art der Erpressung: Sie bricht in einen scheinbar unschuldigen Schrei aus und bittet um Mitleid. Der junge Mann introjiziert seinerseits die Vorwürfe seiner Mutter, wird unter der Last eines vagen Vorwurfs, den er nicht formulieren kann, erdrückt und gibt schließlich zu, dass er ihren Erwartungen nicht gerecht wird. Das ist seine Schuld. Damit ist der Junge in die Falle getappt. Sein Geständnis ist von Selbstverletzung gefärbt. Er wird alles tun, um sein Verhalten *seiner Mutter anzupassen*, damit sie nicht mehr unter seiner „Haltung" leiden muss, die ihrer nicht würdig ist.

Diese Szene zwischen Mutter und Kind ist uns vielleicht gar nicht so fremd, und der Grund dafür ist einfach: Genau die affektive Beziehung ist der Ort aller Schwierigkeiten, an dem Freude, Staunen und gegenseitige Verletzlichkeit, gar Ausweglosigkeit, am meisten hervortreten. Ob es sich um die Liebe einer Mutter, eines Vaters, zwischen Geschwistern oder zwischen Partnern handelt: Es scheint, dass subtile Erpressung und Formen der Schuldzuweisung nicht selten am Werk sind, wenn affektive Erwartungen bestehen. Das Geheimnis der Liebe erscheint hier als Ruine eines versunkenen Atlantis und wirft tausend Fragen auf: Was treibt uns dazu, den anderen zu beschuldigen oder an seiner Unschuld zu zweifeln? Warum wird Zuneigung mit Misstrauen und Liebe mit Gewalt bedacht? Warum neigt der Geliebte dazu, dem Druck nachzugeben, den der Liebhaber auf ihn ausübt? Warum hängt der Mensch so sehr an den Stimmen, die ihn als Schuldigen anklagen? Was bedeutet es, dass wir uns nicht rechtfertigen können? Und wie kommt es, dass das Schönste, was es gibt, das Band der Zuneigung, ein Vehikel für so viele Ambivalenzen ist und dann so trivial verunstaltet werden kann?

Es gab eine Zeit – so erzählen die großen metahistorischen Ätiologien wie die der Genesis –, in der der Mensch in der Sphäre einer kosmischen Harmonie lebte, bis eines Tages die ursprüngliche Ordnung zerbrach und dieses Ungleichgewicht zu einer Art metaphysischer Pandemie führte, der die jüdisch-christliche Theologie den Namen „Erbsünde" gibt. Sie verbreitete sich wie ein dunkles Virus und infizierte auf übernatürliche Weise das menschliche Denken, Fühlen und Handeln. Ob man nun an die „Erbsünde" glaubt oder nicht, der symbolische Wert des Genesisberichts ist gewiss erstaunlich. Die Früchte, oder besser gesagt die Symptome der Sünde, sind Misstrauen, Angst, emotionale Erpressung und Erpressbarkeit, Selbstaufopferung, gegenseitige Verschuldung, Selbstverletzung und das Fehlen eines echten Dialogs. Und da wir diese Symptome auf der privaten wie gesellschaftlichen Ebene nicht selten erleben, mag es sich lohnen, noch einmal auf den Baum in Genesis 3 zurückzukommen, wo die Schlange die Bühne betritt.

Mit einer sehr tendenziösen Frage schafft es diese erste „Theologiedozierende"[5], das ursprüngliche Vertrauen zwischen Menschen und Gott zu zerstören. Als große Exegetin des Misstrauens hat die Viper das positive Gebot, das Gott dem Menschen gegeben hat, belauscht: „Von allen Bäumen des Gartens darfst du essen, doch vom Baum der Erkenntnis von Gut und Böse darfst du nicht essen; denn am Tag, da du

---

[5] Vgl. dazu H. HEINE, *Zur Geschichte der Religion und Philosophie in Deutschland: Werke und Briefe in zehn Bänden*. Band 5, Berlin und Weimar 1972, 167–175.

davon isst, wirst du sterben“ (Gen 2,16 f.). Siehe da, Gott hatte den Menschen davor gewarnt, nach diesem Baum zu greifen, weil er todbringend ist! Er wird als „Baum der Erkenntnis“ bezeichnet, ist aber keineswegs ein Baum der Weisheit, dessen Früchte einen fähig machen würden, das Gute vom Schlechten zu unterscheiden. Stattdessen produziert der Strauch ein halluzinogenes Nahrungsmittel, das dem Menschen den Eindruck vermittelt, allmächtig zu sein („ihr werdet wie Gott“), die Ordnung des Universums herstellen zu können, das heißt bestimmen zu können, wo das Gute und wo das Böse beginnt. Davon weiß die Schlange alles. Und was tut sie, um Mann und Frau von Gott zu trennen (gar auseinander zu werfen: διαβάλλειν)? Sie übersetzt das göttliche Gebot, das die Frau gerade gehört hat, *ex negativo*: „Hat Gott wirklich gesagt: Ihr dürft von *keinem* Baum des Gartens essen?“ (3,2), und sie insistiert weiter: „Nein, ihr werdet nicht sterben. Gott weiß vielmehr: Sobald ihr davon esst, gehen euch die Augen auf; ihr werdet wie Gott und erkennt Gut und Böse“ (3,4 f.).

Die trügerische Hermeneutik der Schlange, die sich auf kommunikative Mehrdeutigkeit stützt, führt zu einer enormen Spannung zwischen Menschen und Gott, zwischen Adam und Eva, die höchst giftige Folgen haben wird. Der Mensch lässt sich von der luziferischen Verheißung verzaubern, die sein archaisches Bedürfnis nach Selbstüberhebung, nach Allmacht reizt: Adam isst von der verbotenen Frucht, das heißt er überschreitet die einzige Grenze, die Gott ihm zu seinem eigenen Wohl gesetzt hat. Und als erste Auswirkung der Übertretung erscheint den beiden nun ihre Nacktheit als Problem. Hatte die Nacktheit kurz zuvor noch keinerlei Scham ausgelöst („Beide, der Mensch und seine

Frau, waren nackt, aber sie schämten sich nicht voreinander" 2,25), so wird nun zum ersten Mal ein Gefühl in der menschlichen Brust geweckt, sich nackt, ungeschützt und verletzlich zu wissen. Der Mensch sieht sich jetzt einem Blick ausgesetzt, der ihn objektivieren, ihn auf seinen Körper fixieren, ihn nur von seinem Körper her beurteilen könnte. Deshalb versucht das Paar auf gewagte Weise, sich zu bedecken: „Sie hefteten Feigenblätter zusammen und machten sich einen Schurz. Als sie an den Schritten hörten, dass sich Gott, der HERR, beim Tagwind im Garten erging" (Gen 3,8), verspürten sie das dringende Bedürfnis zu verschwinden und versteckten sich im Laub.

„Wo bist du?", fragt Gott, wie ein Vater, der so tut, als ob er nicht sieht, wo sich seine Kinder verstecken. Versuchen wir uns den Tonfall der Stimme Gottes vorzustellen, wenn er die Frage ausspricht: „Adam, wo bist du?". Nein, nein, es ist keineswegs eine donnernde Stimme. „Wo bist du?", fragt sanft derjenige, der alles weiß und auch weiß, wie viel das den Menschen und ihn selbst kosten wird. Wo bist du? Nicht nur: „Wo befindest du dich?", sondern: „Siehst du, in welchen Schlamassel du dich gebracht hast?". Und gerade weil Gott nicht donnert, fasst Adam Mut – sonst wäre er eng umschlungen im Gebüsch geblieben; er schlägt eine Bresche ins Laub und antwortet: „Ich habe deine Schritte gehört im Garten; da geriet ich in Furcht, weil ich nackt bin, und versteckte mich".

Was geschah dann im Anschluss an diesen verfluchten Griff nach der Frucht? Fortan löst unsere Verwundbarkeit für uns Angst aus. Der Mensch fürchtet seine eigene Fragwürdigkeit, er hat sein Gesicht verloren, er weiß, dass *er sich nicht rechtfertigen kann,* und deshalb hat er Angst, vom anderen und von Gott zurückgewiesen zu werden. Aus dieser

Urangst erwächst das, was jeden Adam und jede Eva auf Erden für immer *erpressbar* machen wird. Dann stellt der Schöpfer Adam die entscheidende Frage, deren Antwort dem Allwissenden die Folgen des tödlichen Griffs offenbaren wird: „Wer hat dir gesagt, dass du nackt bist? Hast du von dem Baum gegessen, von dem ich dir geboten habe, davon nicht zu essen?". An diesem Punkt wird die Verschuldungsmaschine in Gang gesetzt: „Die Frau, die du mir beigesellt hast, sie hat mir von dem Baum gegeben. So habe ich gegessen". Dann wendet sich Gott an die Frau: „Was hast du getan?". Und sie antwortete: „Die Schlange hat mich verführt. So habe ich gegessen". So beginnt unter dem Baum in Genesis 3 das Karussell der Anschuldigungen zwischen Mann, Frau und Schlange, welches erst am Ende der Zeiten anhalten wird.

Bei all dem fällt auf, dass Adam und Eva nie miteinander sprechen. Entweder sie reden mit Gott oder sie reden mit dem Teufel, aber von Angesicht zu Angesicht reden sie nicht. Niemals kommt es zu einem direkten Diskurs, einem Dialog. Adam spricht über Eva, aber nicht mit Eva. Die gleiche Auslöschung des Dialogs wird Kain bald dazu bringen, Abel zu töten. Auch dort wird Gott fragen: „Wo ist Abel, dein Bruder?", und Kains Antwort wird lauten: „Bin ich der Hüter meines Bruders?". André Neher hat der Beschreibung dieser schwarzen Löcher, dieser Stille in der Bibel, ein ganzes Buch gewidmet.[6] Im Vergleich zu den früheren Mythen, von denen auch die Genesis-Erzählung ein literarischer Abkömmling ist, haben wir es hier mit einem Unikat, einem Meisterwerk zu tun. Denn keine andere metahistorische Ätiologie enthält eine solche hermeneutische Kraft, in der sich eine

[6] Vgl. A. Neher, *L'esilio della parola.*

universelle Erfahrung in dieser Eindeutigkeit niedergeschlagen hätte.

Die Wiederholung der gleichen Mechanismen ist so erschreckend präzise, dass es leichtfertig wäre, „Sünde“ als bloßes theologisches Konstrukt abtun zu wollen. Ich verwende diesen Begriff, obwohl ich mir bewusst bin, dass heute viele ein Schuld-, aber nur wenige ein Sündenbewusstsein haben. Natürlich ist es nicht so, dass der Begriff „Sünde“ aus unserem heutigen Sprachgebrauch verschwunden wäre. In unserem Wortschatz taucht er gelegentlich noch auf als Relikt einer vergangenen Weisheit, als semantische Hülle, die mit einer ganz anderen Bedeutung gefüllt wurde, da „Sünde“ entweder mit Diätverstößen oder Zigarettenkonsum assoziiert wird oder oft auch von „Umwelt-“ oder „Bausünden“ die Rede ist. Dabei ist die existenzielle und relationale Tragweite des Konzepts implizit mitgedacht, seine theologische Qualität allerdings verloren gegangen. Von „Sünde“ zu sprechen ergibt jedoch nur und ausschließlich dort Sinn, wo der Mensch erkennt, dass er auf geheimnisvolle Weise in einen Horizont eingeschrieben ist, der die bloße Materialität übersteigt. Während die „Schuld“ sich darin erschöpft, etwas Böses gegen sich selbst, gegen andere oder gegen die Schöpfung begangen zu haben, so versteht „Sünde“ das gleiche Böse als eine Zurückweisung derselben Beziehung zu Gott durch den anderen. Wer sich ein Sündengefühl bewahrt hat, fühlt sich in gewisser Weise als Protagonist und Opfer eines großen metaphysischen Epos. Dies ist jedoch keineswegs eine Tragödie für ihn. Denn im Gegensatz zum Schuldgefühl erweist sich das Sündengefühl als äußerst produktiv: Vom Menschen als Sünder zu sprechen, bedeutet weder, ihn von seiner Verantwortung zu entheben, noch ihn zu verleugnen oder zu verunglimpfen, noch sich einer pessimistischen Anthropologie hinzugeben. Im Gegenteil: Es bedeutet, vom Menschen als einem freien Subjekt etwas Großes auszusagen, wenn ihm die Fähigkeit zuerkannt wird, sich dem zu öffnen, was größer ist, als es selbst. Wenn seine Gesten die Möglichkeit haben, über die Grenzen desjenigen hinauszugehen, was innerhalb der Raum-Zeit-Kategorien vollzogen wird, und zu Gott selbst durchstoßen zu können.

Sünde bedeutet also mehr als die Übertretung eines Gebots. Sie ist das Zeichen einer „Spannung" zu Gott, einer Erfahrung, die zwar trennt, aber gerade deswegen in Beziehung hält. Paulus von Tarsus war der erste, der das Wirken der Sünde im Menschen so beschrieb: „Ich weiß nämlich, dass in mir, das heißt in meinem Fleisch, nichts Gutes wohnt: Das Wollen ist bei mir vorhanden, aber ich vermag das Gute nicht zu verwirklichen. Denn ich tue nicht das Gute, das ich will, sondern das Böse, das ich nicht will, das vollbringe ich. Wenn ich aber das tue, was ich nicht will, dann bin nicht mehr ich es, der es bewirkt, sondern die in mir wohnende Sünde. Ich stoße also auf das Gesetz, dass in mir das Böse vorhanden ist, obwohl ich das Gute tun will. Denn in meinem Innern freue ich mich am Gesetz Gottes, ich sehe aber ein anderes Gesetz in meinen Gliedern, das mit dem Gesetz meiner Vernunft im Streit liegt und mich gefangen hält im Gesetz der Sünde, das in meinen Gliedern herrscht. Ich elender Mensch! Wer wird mich aus diesem dem Tod verfallenen Leib erretten?" (Röm 7,18–24). Paulus ist sich bewusst, dass sein Bekenntnis kein Fundament hätte, wenn er nicht bereits von Gott gerechtfertigt worden wäre: Denn der Mensch kann sich nicht rechtfertigen – wie die Beispiele von Kundera und Kafka zeigen. Nur wenn man erkennt, dass man zuvor von einem Gerechten gerecht gemacht wurde, verschwindet die Angst, sich als Sünder zu bezeichnen. Nur dort, wo man den Weg zu einer Verwandlung, zu einer Erlösung erahnt, kann der Mensch diese undurchsichtige Schwerkraft, die auf seinem Herzen lastet und es „incurvatum in se ipsum" macht, auf sich selbst verkrümmt, „Sünde" nennen.

Wenn dies zutrifft, erweist sich jede Predigt, die von der Sünde handelt und dabei außer Acht lässt, dass wir durch Christus gerecht gemacht wurden, als völlig unzureichend und sogar schädlich. Auf diese Weise setzt ein Prediger nur die Technik der Schuldzuweisung fort, die die Frucht der Sünde selbst ist. Der Mechanismus ist hier sehr subtil: Man erklärt den Menschen von Geburt an für schuldig, obwohl er (im Einzelnen) nichts getan hat, und fordert ihn auf, alles im Lichte einer Dialektik des Verdachts neu zu lesen. Auf diese Weise wird ihm, nachdem man die entsprechende „Nachfrage" geweckt hat, sofort das „Angebot" in die Hand gegeben: Vergebung, die Sakramente, die Gnade der Kirche. Wo dies so geschieht, wäre daran zu erinnern: Nur von der Gestalt Jesu Christi und dem Geheimnis seiner Herkunft her kann der Mensch das Rätsel seiner eigenen Schuld erfassen. Erst wenn wir erkennen, dass es Christus ist, der uns zur Freiheit befreit hat (Gal 5,1), beginnen wir zu verstehen, wie wenig frei wir wirklich sind. Man sollte also von oben anfangen, von ganz oben, um zu verstehen, was die Wahrheit dessen ist, was die Theologie Sünde nennt. Mit der Konsonanz zu beginnen, um die Dissonanz zu spüren, wäre die mögliche Aufgabe einer Theologie von heute.

3.

Wenn Gott und Mensch ins Spiel kommen

„Ein Würfelwurf niemals je
auslöschen wird den Zufall“
STÉPHANE MALLARMÉ[1]

In der lateinischen Sprache sind zwei Worte für das Spiel zu finden: „jocus“ und „ludus“. Der erste Terminus meint dabei alle Formen vom Scherz, Spaß und Unterhaltung, die kein seriöses Engagement erfordern. Mit „ludus“ werden hingegen alle spielerischen Vollzugsabläufe bezeichnet, die Ernsthaftigkeit keineswegs ausschließen, wie etwa der Schulunterricht, die musikalische Aufführung, die Gladiatorenschule des antiken Rom („ludus magnus“) oder das liturgisch-sakrale Schauspiel („sacer ludus“). Ähnliche semantische Nuancen klingen auch im deutschen Verb „spielen“ an, das schließlich auch für die Musik- oder Schauspielkunst angewandt wird. Diese kurze Klärung drängt darauf, die tiefere Dimension des Spieles *(ludus)* aufzudecken.

Das Spiel erscheint seit Heraklit, bewusst oder unbewusst, als eine Dialogform des Menschen mit dem Unwägbaren: „Der Zeitenkreis spielt wie ein Kind, der Kleine setzt naseweis aufs Spielbrett seine Steine: des Kindes soll die

---

[1] Vgl. S. MALLARMÉ, *Sämtliche Dichtungen. Zweisprachige Ausgabe*, übersetzt von Carl Fischer und Rolf Stabel, dtv, München 2000, 221–265. 252 f.: „Un coup de Dés jamais n'abolira le Hasard“.

Weltenherrschaft sein!".[2] Auch wenn die Schachregeln immer unverändert bleiben, wird keine Partie einer anderen ähneln. Der Kampf findet zwischen schwarzen und weißen Figuren statt, zwischen Schatten und Licht, zwischen den Titanen und den Göttern. Es ist kein Zufall, dass das Schachbrett 64 Felder hat – in der indischen Kultur ist dies die Zahl der Verwirklichung der kosmischen Einheit. In dieser kosmischen Gigantomachie gewinnt auch das menschliche Leben einen dramatisch spielerischen Charakter:

„La Vie est une table où, pour jouer ensemble, /
on voit quatre joueurs. Le Temps tient le haut bout /
et dit: ‚passe', l'Amour fait de son reste et tremble; /
l'Homme fait bonne mine, et la Mort tire tout".[3]

Dass das Spiel eine Metapher für die Existenz ist, bezeugt auch unsere Sprache, die stark aus dem semantischen Feld des Spiels schöpft: Wir treten in das Spiel ein und wir verlassen es; wir spielen eine Rolle; wir setzen uns ein, weil unser Leben, unsere Ehre oder der Reichtum unseres Seins „auf dem Spiel stehen". Dabei müssen wir dann mitspielen. Zeitweise ist es sogar notwendig, ein doppeltes Spiel zu spielen, aber nur, weil die Dynamik des Spiels unseren Erfindungsreichtum dafür erfordert, dass sich seine Kombinationen und Konstellationen zum Besten wenden. Jeden Tag

---

[2] Heraklit, *Fragment* 22 B, nach H. Diels – W. Kranz, Berlin 1903.

[3] *Tablettes ou Quatrains de la vie et de la mort,* Lyon 1610, Première partie, Nr. 13, in *I moralisti classici,* a cura di Benedetta Papasogli, Laterza, Bari 2008, 38: „Das Leben ist ein Tisch an dem, zum Spiel versammelt / man vier Spieler sieht. Die Zeit hält das obere Tischende / und sagt, ‚Fang an', die Liebe macht den Rest und zittert / der Mensch macht gute Miene, und der Tod kassiert alles." Eigene Übersetzung.

stellen wir uns dem Wettbewerb, den das Leben uns auferlegt.

Schon das kleine Kind, das in den ersten Lebensjahren alles als spontanes „play" erlebt, lernt nach und nach „the game"[4], die Spielregeln, ohne die es von der sozialen Interaktion ausgeschlossen wäre. Von da an findet der Mensch im „game" den Rahmen, um seine Freiheit zu verwirklichen, gleichzeitig aber auch das Risiko des Lebens, seine Regelmäßigkeit und Kausalität sowie die doppelte Möglichkeit, die jedem Spiel innewohnt. Früher oder später findet sich jeder in der Arena des Lebens wieder und kämpft gegen einen dunklen Rivalen, gegen die feindlichen Kräfte der Zeit. Dies können einerseits die Herausforderungen, die mit den weniger vorteilhaften Seiten, den speziellen Eigenheiten eines jeden verbunden sind, andererseits aber auch die Auseinandersetzungen zwischen mir und dem anderen sein. Doch das Spiel ist nicht nur Ausdruck von Glückspiel, Zufall und Nervenkitzel, sondern auch ein Symbol für Vergnügen, Entspannung, Unterhaltung, Freude, Genuss. Hier lernt jeder, seinen eigenen Stil zu entwickeln, seine eigenen Asse im Ärmel zu haben, Taktiken und geheime Fallen zu finden, um so die Oberhand gewinnen zu können.

Der äußerst polare Charakter des Spiels – das zeitlich und räumlich gerahmt ist, von Teilnahme und Wettbewerb sowie von bindenden Regeln und Freiheit lebt und einen Schiedsrichter zur Feststellung von Übertretungen erfordert – bietet sich nun an, seine mögliche Bedeutsamkeit auch für die Religion zu offenbaren. Denn auch sie scheint eine Art Spielfeld zu sein, auf dem die Dynamik und die

---

[4] Vgl. G. H. Mead, *Geist, Identität und Gesellschaft*, Frankfurt a. M. 1973.

verschiedenen Dimensionen des Spiels dargestellt, reflektiert und aufgeführt werden. Die Weisheitsbücher stellen uns in gewisser Weise den Kosmos als eine spielerische Sphäre vor: Nichts ist aus sich selbst heraus verständlich, alles ist geschaffen, hat einen unermesslichen Hintergrund, der auf eine frühere Weisheit zurückgeht, auf einen *Puer ludens*, der das göttliche Werk bezeugt, es leicht, lebendig, spielerisch macht (vgl. Spr 8,22–33). Schon François Euvé hat versucht, die Schöpfung als Spiel Gottes zu betrachten.[5]

In den ersten Kapiteln der Genesis wird die Bühne des Daseins abgesteckt, die Ordnung von Zeit und Raum, der Garten als Ort der Harmonie zwischen Himmel und Erde, Natur und Kultur, Arbeit und Ruhe. Unter dem Baum von Genesis 3 erscheint jedoch zum ersten Mal der große Schummler: die Schlange. Die schleichende Spielverderberin führt eine noch nie dagewesene Spannung in das ursprüngliche Spiel ein: Zwischen Wort und Wirklichkeit, zwischen Denken und Handeln gibt es nun keine unmittelbare Entsprechung mehr. Die Begegnung wird zu einem Zusammenstoß. Das, was vorher spielerische Unschuld war, Harmonie zwischen Gebot und Freiheit (Gen 2,16), ist nun dem Spiel der Interpretationen, Projektionen, Ambivalenzen und Rivalitäten ausgesetzt. Indem sie mit Worten spielt, desavouiert die Schlange das Bild Gottes und verwandelt ihn von einem Partner in einen Konkurrenten und misstrauischen Schiedsrichter. Der Schöpfer war aber gerade derjenige, der durch seine Schöpfung als erster ins Spiel kommen wollte und das von Anfang an, das heißt ab dem Moment, in dem er dem Menschen jenes Vermögen verliehen hat, ohne das kein Spiel gespielt werden kann: die Frei-

---

5 F. Euvé, *Penser la création comme jeu*, Cerf, Paris 2000.

heit. Nach dem Foul von Genesis wird das Spiel aber zwischen zwei Rivalen gespielt. Den Preis dafür werden Gott und Mensch selbst zahlen, einen Preis, der vielleicht zu hoch erscheint: Das Spiel wird zum Theo-Drama, das seinen Höhepunkt in der Menschwerdung des göttlichen Logos und in seiner Passion findet: Der Gottessohn wird ans Kreuz geschlagen, weil er als „Spielverderber" der alten Religion und des Gesetzes beurteilt wird. Von diesem Kreuz trägt die Kirche die Stigmata: Der Apostel Paulus nennt sich ein Schauspiel für die Welt, für Engel und Menschen, da er sich als Zeuge eines Gekreuzigten und Auferstandenen dem Spott und dem Urteil der Welt ausgesetzt weiß (1 Kor 4,9).

Die Theologiegeschichte hat viele Dimensionen dieses heiligen Ludus erfassen können. Um nur einige Etappen davon zu erwähnen: Gregor von Nyssa (ca. 338–394) liest all dies als eine dramatische Sequenz des stets Anfangen-Könnens, als die Geschichte eines Gottes, der liebt und immer wieder neue Anfänge entstehen lässt. Maximus Confessor (ca. 580–662) beschreibt die Welt als Theater und kosmische Liturgie. Später in *De ludo globi* wird Nikolaus von Kues (1401–1464) den Menschen als einen Spieler darstellen, der seinen eigenen Ball wirft, aber stets mit Christus als Ende und Mittelpunkt.

Einige Mystiker übertragen dieses kosmische Szenario in die Tiefe des Herzens und verstehen sich als Spielzeug Gottes (Thérèse von Lisieux). Gedankenreich ist der Beitrag von Hans Urs von Balthasar (1905–1988), der den dramatischen, ästhetischen Charakter eben dieses Szenarios zu erfassen vermochte und es auf der Ebene der Schöpfung (Drama der Freiheit), der Erlösung (der Zusammenstoß am Kreuz) und der Eschatologie als symphonischen Akkord des scheinbar Ausgeschlossenen einsetzte. In dieser Tradition verfolgt Klaus Hemmerle (1929–1994) einen ähnlichen Gedanken, wenn er die „Grundspiele des Daseins" als „Vorspiel zur Theologie"[6] deutet, welche die gelebte Dreifaltigkeit als Wechselspiel von Einheit und Vielheit dynamisch zu denken wissen. Hugo Rahner (1900–1968) bietet ein erhabenes und elementares Panorama des spielenden Menschen[7] (auch in der Tradition von Johan Huizingas berühmtem anthropologischen Traktat)[8] bis hin zum letzten ergreifenden Moment, in dem wir Kinder der Erde endgültig nach Hause gerufen werden: Es ist Abend, das Spiel ist vorbei und ein ganz anderes beginnt. Was wäre, wenn die Liturgie die symbolische Ausführung all dessen wäre, was wir zu erklären versucht haben? So Romano Guardini (1885–1968), der den liturgischen Ritus genau nach dem Vorbild des Spiels überdenkt.[9] Im Licht dieser wohl spielerischen Betrachtung könnten Ritual, Mystik und Mythos die ursprünglichen Formen der Religion darstellen, die es uns erlauben, nicht der Schwere des Spiels dieser Welt zu erliegen – wider die innere Tendenz, sich selbst zu verschließen. Somit ist es angebracht, länger bei diesem Problem zu verweilen.

Von außen her betrachtet liegt die mögliche Affinität von Religion und Spiel zunächst darin, dass beide *vollzugsorientierte Tätigkeiten (poiesis)* darstellen. Im Unterschied zu den *zielorientierten Tätigkeiten* wie etwa Arbeiten *(praxis)* haben

---

[6] K. HEMMERLE, *Vorspiel zur Theologie. Einübungen*, Herder Verlag, Freiburg i. Br. 1976.

[7] H. RAHNER, *Der spielende Mensch*, Johannes Verlag, Einsiedeln 1954.

[8] J. HUIZINGA, *Homo Ludens. Vom Ursprung der Kultur im Spiel*, Reinbek 1938.

[9] R. GUARDINI, *Liturgie als Spiel*, in DERS., *Vom Geist der Liturgie*, Herder Verlag, Freiburg i. Br. 1918, 57–67.

sie ihren Zweck nicht außerhalb, sondern *in sich selbst.*[10] Wenn dem so ist, dann wäre ein Spieler, der obsessiv Geldgewinn um jeden Preis anstreben würde, kein guter Spieler. Desgleichen kann für denjenigen religiösen Menschen gelten, welcher Gott nicht um Seiner selbst willen liebt, sondern die Religion mit einem Machtinstrument für bestimmte äußeren Zwecke verwechselt. Es wäre jedoch ein großer Fehler zu denken, dass deswegen alle vollzugsorientierten Tätigkeiten wie Philosophieren, Musizieren, Malen, Beten, Spielen, Lieben schon allein aufgrund ihres Wesens *willkürliche* Tätigkeiten wären. Dies ist erstens nicht der Fall, weil jede dieser Tätigkeiten einem je eigenen tiefen Bedürfnis des Menschen entspricht, und zweitens, weil bei ihrer konkreten Ausübung stets bestimmte „Handlungsregeln" erforderlich werden. Allerdings reichen diese beiden Merkmale keineswegs aus, um auch von *notwendigen* Tätigkeiten zu sprechen. Alle vollzugsorientierten Tätigkeiten sind nämlich weder überlebensrelevant noch zwingender Teil des Alltagsvollzuges – so wie dies beispielsweise Essen oder Schlafen sind. Auf die Religion angewandt bedeutet dies: Sie ist nicht als „Speise" des Lebens zu verstehen, sondern als dessen „Salz", das seinen Geschmack nicht verlieren darf (Mt 5,13). Doch ohne Salz würde dem Gericht das Feine und Entscheidende fehlen. Schließlich gewinnen alle übrigen Zutaten erst dann an Kontur und Geschmack, wenn das richtige Maß an Salz hineingegeben ist. Das Salz ist jedoch nicht „notwendig" in dem Sinne, dass es als Hauptspeise gegessen werden sollte. Genau besehen charakterisiert eine ähnliche Dialektik alle Formen von *Poiesis*: sie sind weder „willkür-

10 Aristoteles hat diese Unterscheidung eingeführt: Aristoteles, *Nikomachische Ethik*, I,1; VI, 5; *Metaphysik*, IX, 6.

liche" noch „notwendige", sondern *mehr als notwendige*[11] Vollzugabläufe des Humanen. Innerhalb ihres jeweiligen Sprachspiels bringen sie die dem Menschen wesentliche Dynamik der Transzendierung, des Selbstüberschreitens hervorragend zum Ausdruck. Deshalb wirken sie „personalisierend", das heißt, sie sprechen die Menschen an: „Denn" – um einen vielzitierten Satz von Friedrich Schiller (1759–1805) wiederaufzunehmen – „der Mensch spielt nur, wo er in voller Bedeutung des Worts Mensch ist, und er ist nur da ganz Mensch, wo er spielt."[12] In einer Lebenswelt, in der der Horizont des „Mehr als Notwendigen" verloren ginge, würde die von der kapitalistischen Mentalität befohlene Tyrannei der Ziele die Oberhand gewinnen. Würde damit nicht der Sinn unseres Seins selbst verloren gehen? Eines Daseins, das stets „Außerhalb-von-Sich-Selbst" ist, das immer über sich selbst hinausgeht, das mehr als die Summe eines Kalküls ist? Dagegen erschließt das Spielen neue Assoziations- und Handlungsmöglichkeiten, in denen etwas Neues, Überraschendes, Zweckfreies und damit erst wirklich Befreiendes geschehen kann. Derjenige, der den Menschen durch einen spielerischen Argumentationsvollzug genau zu dieser Transzendenz zurückführen wollte, war Blaise Pascal (1623–1662). Seine berühmte „Wette" gewinnt an Prägnanz, wenn sie gerade im Spannungsfeld von vollzugsorientierten und zielorientierten Tätigkeiten gedeutet wird.

---

[11] Bekanntlich geht diese Formel auf Eberhard Jüngel zurück: E. JÜNGEL, *Gott als Geheimnis der Welt. Zur Begründung der Theologie des Gekreuzigten im Streit zwischen Theismus und Atheismus*, Mohr Siebeck, Tübingen 1977, 27–44.

[12] F. SCHILLER, *Über die ästhetische Erziehung des Menschen*, in *Die Horen*, Bd. 1, Stück 2, J. G. Cotta, Tübingen 1795, 88.

Als Pionier der Wahrscheinlichkeitsrechnung im Roulette-Spiel war Pascal sicherlich einer der kühnsten Denker, der das Unendliche hinter den Kulissen des Verstandes – am grünen Tisch, wo die Chips eine Existenz wert sind – zur Sprache brachte. Er war nämlich fest davon überzeugt, dass der Glaube an die Existenz Gottes weder einer logischen Beweisführung noch einer bloßen Willensentscheidung anvertraut werden kann. Anders als René Descartes (1596–1650), der das Unendliche als eine ursprüngliche, positive und nicht abgeleitet-negative Idee sah[13], ist sich Pascal sehr wohl dessen bewusst, dass das Band zwischen Endlichem und Unendlichem nicht rational beweisbar ist. Nichts berechtigt uns zu sagen, dass die Unendlichkeit „positiv" sei: Denn sollte dies bejaht werden, wäre es jederzeit möglich, ohne stichhaltigen Widerspruch das Gegenteil zu behaupten. Verglichen mit Descartes, dem Vater der neuzeitlichen Philosophie und des „radikalen Zweifels", nimmt Pascal den von seinem Vorgänger festgestellten Bruch zwischen Sein und Denken noch ernster. Sein Zweifel ist ja noch ungeheurer, da dieser nicht nur ein phasenhafter Durchgang ist, in dem sich die Gewissheit des Denkens erweist *(cogito ergo*

---

13 R. DESCARTES, *Meditationes de prima philosophia*, III, AT 45, 26–29: „nam contra manifeste intelligo plus realitatis esse in substantiâ infinitâ quàm in finitâ, ac proinde priorem quodammodo in me esse perceptionem infiniti quàm finiti, hoc est Dei quàm meii ipsius". „In der unendlichen Substanz gibt sich eine größere Wirklichkeit als in der endlichen. Deshalb muss in mir die Wahrnehmung des Unendlichen jener des Endlichen, also jene Gottes derjenigen meiner selbst in gewisser Weise vorangehen. Denn wie könnte ich, der ich unvollkommen bin, Rechenschaft ablegen über das, was ich bezweifle oder ersehne, also dessen, was mir fehlt, wenn in mir nicht die Idee eines vollkommenen Seienden existierte, angesichts dessen ich meinen Mangel allererst anerkennen kann?"

sum), sondern ein stetiger Begleiter des Erkennens bleibt. Wenn also für Descartes das Band mit dem Unendlichen zwar unterbrochen ist, aber auch *allein durch Vernunft* wiederhergestellt werden kann (weil die Existenz Gottes für ihn rational beweisbar ist), so behauptet Pascal auf viel kohärentere Weise, dass es zwar möglich ist, dieses Band zwischen Endlichem und Unendlichem zu bejahen, aber insofern dieses gebrochen ist, sei es nur mittels einer „Wette" (als Teil eines Spiels) möglich, es erneut zu bejahen. Genau besehen speist sich eine solche These nicht aus einem naiven Fideismus, sondern aus tiefen erkenntnistheoretischen Überlegungen. Genau in diesem Sinne soll nämlich Pascals wohlbekannte Unterscheidung zwischen „Vernunft" und „Herz" verstanden werden. Man hätte noch immer nicht hinreichend begriffen, wie sehr sich Pascal des Bruches zwischen dem Endlichen und dem Unendlichen bewusst war, wenn wir ausschließlich im „Herzen" das Vermögen des Unendlichen und in der „Vernunft" das des Endlichen identifizieren würden. Wo läge also der Konflikt, wenn der Mensch ein Vermögen exklusiv für das Unendliche und die Wahrheit (das „Herz") und ein Vermögen für das Endliche und die Richtigkeit (die „Vernunft") hätte? Weder das Herz noch die Vernunft allein können zwischen Unendlichen und Endlichen mit Sicherheit vermitteln, denn selbst das „Herz" sei nach dem Sündenfall „hohl und voller Schmutz"[14] geworden.

Dieses Bewusstsein des Ur-Falls, das sich anthropologisch in der doppelten Spannung zwischen „Herz" und „Vernunft" widerspiegelt, kommt freilich in vielen seiner *Pensées* zur Sprache, in denen Pascal zwar behauptet, dass

---

[14] Pascal, *Gedanken*, 139/143, 102.

„Gott dem Herz und nicht der Vernunft wahrnehmbar [ist])“[15], aber auch, dass „die Religion keineswegs der Vernunft widerspricht“.[16] Dementsprechend kann der einzige Weg zur Gottesbejahung nur eine „Wette“ sein, an der nicht nur das „Herz“, sondern auch die „Vernunft“ und die „Ordnung der Körper“ (die *res extensa*) beteiligt sind. Erst dadurch könnte der Mensch vom Zweifel zur Wahrscheinlichkeit, vom Skeptizismus zur positiven Möglichkeit gelangen.

Allzu lange wurde die pascalsche Wette der Willkür oder des Dezisionismus bezichtigt. In Wirklichkeit handelt es sich aber um einen philosophischen Argumentationsvollzug, der letztlich keinen anderen theoretischen Anspruch erhebt als den eines „positiven Vielleichts“. Anders gesagt: Was dieses Argument gültig macht, ist nicht Resultat einer formallogischen Schlussfolgerung, sondern einer anderen Art von Schlussfolgerung, das heißt eines anderen hermeneutischen Sprachspieles, das wesentlich mit einer anthropologischen wie theologischen „Denk- und Wünschbarkeit“ verbunden ist, wie ich im Folgenden zeigen möchte.

Das Fragment der Wette trägt den Titel „Unendliches – Nichts“ (*Infini – Rien*)[17] und ist in dialogischer Form verfasst, in welcher sich seit Platon die Dynamik des Diskurses durch einen stetigen Perspektivwechsel vollzieht. Das Überraschende an diesem kurzen Dialog ist die Tatsache, dass dabei nicht nur die Stimmen der beiden Protagonisten, nämlich die des Gläubigen und des Skeptikers, miteinander interagieren, sondern dass zugleich drei verschiedenen erkenntnistheoretische Ebenen schrittweise aktiviert werden:

---

[15] Ebd., 423/277, 233.
[16] Ebd., 12/187, 40.
[17] Ebd., 418/233, 224–231.

die „Vernunft" (der geometrische Geist), das „Herz" (der feinsinnige Geist) und die „Ordnung der Körper" (die Gewohnheit). Nähern wir uns der Argumentation des Philosophen.

Nach einer kurzen Präambel stellt der Gläubige eine Äquivalenz fest zwischen dem Unendlichen, verstanden als mathematische Größe, und Gott, verstanden als metaphysische Unendlichkeit. Wenn die Vernunft den letzten begehbaren Strandzipfel erreicht, wo sich die Felsen der unendlichen Weite öffnen, blickt sie gerade in die eine Richtung, ohne sie jedoch je fassen zu können. Gegenüber beiden Unendlichkeiten erfährt der Geist eine ähnliche Verwirrung, doch mit einem wesentlichen Unterschied: Zwar weiß der Mensch, dass es eine mathematische Unendlichkeit gibt, obwohl er deren Wesen nicht erkennen kann (weil er nicht bestimmen kann, ob die letzte Zahl gerade oder ungerade sein wird), doch kennt er von Gott weder die Existenz noch das Wesen mit Sicherheit: „Gott ist, oder er ist nicht. Welcher Seite aber werden wir uns zuneigen? Die Vernunft kann dabei nichts ermitteln. Ein *unendliches Chaos* trennt uns davon. Man spielt ein Spiel *auf das Ende dieser unendlichen Entfernung hin,* wo sich entweder Bild oder Schrift zeigen werden. Was werdet ihr wetten? Mit der Vernunft könnt ihr nicht das eine und auch nicht das andere bewirken; mit der Vernunft könnt ihr keins von beiden unwirksam machen. Werft also nicht jenen Unwahrhaftigkeit vor, die eine Wahl getroffen haben, denn ihr wisst nichts darüber."[18]

An dieser Stelle erwidert der Skeptiker dezidiert: „Nein, aber ich werde ihnen nicht vorwerfen, dass sie diese Wahl, sondern überhaupt eine Wahl getroffen haben, denn der eine, der sich für das Bild entscheidet, ist gleichwohl ebenso

[18] Ebd., 226.

wie der andere im Irrtum, sie haben alle beide unrecht; das Richtige ist, überhaupt nicht zu wetten."[19]

Daraufhin drängt der andere weiter: „Ja, aber *man muss wetten. Das ist nicht freiwillig, ihr seid mit hineingezogen.* Wofür entscheidet Ihr Euch also? Prüfen wir nach; da man ja wählen muss, prüfen wir nach, was am wenigsten in Eurem Interesse liegt. Ihr habt zwei Dinge zu verlieren: das Wahre und das Gute, und zwei Dinge einzusetzen: Eure Vernunft und Euren Willen, Eure Erkenntnis und Eure Seligkeit, und Eure Natur hat zwei Dinge zu meiden: Irrtum und Elend. *Eure Vernunft wird nicht schlimmer verletzt, weil man ja unbedingt wählen muss, wenn Ihr das eine eher als das andere wählt.* Damit ist ein Punkt klargelegt. Aber Eure Seligkeit? Wägen wir Gewinn und Verlust, wenn wir uns für das Bild entscheiden, dass Gott ist. Schätzen wir diese beiden Fälle ein: *Wenn Ihr gewinnt, so gewinnt ihr alles, und wenn Ihr verliert, so verliert Ihr nichts*: Wettet also, ohne zu zögern, dass er ist."

„*Das ist bewundernswert* – antwortet der Skeptiker – *Ja, man muss wetten, aber ich wette vielleicht zu hoch.*"[20]

Der Dialog geht weiter. Doch so viel genügt, um zu bemerken, wie Pascal beim skeptischen Gesprächspartner sowohl das Vermögen des „geometrischen" *(esprit de géométrie)* als auch das des „feinsinnigen Geistes" *(esprit de finesse)*[21] anzuregen versucht. Am Anfang appelliert nämlich der Gläubige an die Ressourcen des geometrischen Geistes. So unzureichend dieser für die Beantwortung der Gottesfrage auch sein mag, so kann er doch als widerlegende Prämisse verwendet werden, um – gegen Descartes – zu zeigen, dass

---

[19] Ebd., 226 f.

[20] Ebd., 227.

[21] Dazu: ebd., 512/1, 324–327.

es unmöglich ist zu bestimmen, ob das Wesen der Unendlichkeit positiv oder negativ sei, das heißt, ob *am Ende dieser unendlichen Entfernung* die infinitesimale Errechnung ihres Terminus zu einem positiven oder negativen Ergebnis hinführt. Deshalb kann die Natur des Unendlichen ebenso verunsichernd sein wie ein Indiz positiver Gründung. Und erst recht muss dies auch für Gott gelten, von dem man weder die Existenz noch das Wesen kennt. Bemerkenswert ist dabei, dass Pascals Wiederlegung des Skeptizismus nicht explizit auf theologische Argumente wie die der Schöpfung, der Erbsünde oder der Gnade zurückgreift, sondern sich gerade des „geometrischen Geistes" bedient, das heißt des Verstandes und dessen Prinzipien und Definitionen, die ihrer Evidenz nach allgemein plausibel sind (Mathematik). So fremd der „geometrische Geist" in Bezug auf die Glaubensentscheidung auch ist, so nützlich erweist er sich dabei als Vorbereitung auf eine innere aufrichtige Einstellung hinsichtlich der Gottesfrage. Der Gläubige erzielt damit das große Resultat, den Skeptiker davon zu überzeugen, wie plausibel es ist, bei vorhandener Unsicherheit für die doppelte Möglichkeit hin offen zu bleiben, das heißt, dass man zwar weder auf das eine noch auf das andere wetten, aber genauso wenig eines von beiden ausschließen kann.

Hier angelangt kommt der „feinsinnige Geist" zum Tragen und lässt das Gedankenexperiment in eine eigenartige Wahrscheinlichkeitslogik gleiten. Genau besehen, handelt es sich dabei weder um eine statistische noch um eine mathematische Wahrscheinlichkeit, die – wie schon betont – unmöglich ist. Vielmehr geht es um ein praktisches Interesse und somit um eine interpretativ-wertende Wahrscheinlichkeit, die auf einer „Entsprechung" ruht, die doch weder analogisch noch ontologisch, sondern existenziell ist.

Der Spieleinsatz selbst ist hier keineswegs intellektuell. Es geht um den größtmöglichen Vorteil des Menschen, die unendliche Glückserfüllung: Gewinnst du, gewinnst du alles; verlierst du, verlierst du gar nichts. Du kannst nur gewinnen, wenn du auf die Existenz Gottes setzt.

Gefangen im Duktus dieser Argumentation mag es scheinen, als verlaufe Pascals Gedankengang reibungslos. Doch irgendetwas lässt uns dabei unruhig werden. Wird dadurch vielleicht nicht das Spiel zu sehr überladen? Gehört diese „Wette" immer noch zu den vollzugsorientierten Tätigkeiten, die prinzipiell nicht auf äußeren Zielsetzungen beruhen? Der Skeptiker scheint genau diese Unstimmigkeit zu spüren, wenn er schützend die Hände hebt und behauptet: „Das Richtige ist, überhaupt nicht zu wetten." Mit Recht könnte er sich hier ja davonmachen und das von den Gläubigen errichtete apologetische Kartenhaus zum Einsturz bringen. Doch der Apologet erkennt sofort das Risiko und spielt klug: „Ja, aber man *muss* wetten. Das ist nicht freiwillig, Ihr seid mit hineingezogen". Indem der Gläubige dies sagt, beruft er sich genau auf die Logik des Spiels, verstanden als eine vollzugsorientierte Tätigkeit: Wer sich auf das Spiel eingelassen hat, kann dem Spielverlauf nicht mehr als ein teilnahmsloser Beobachter gegenübertreten. Durch diese Mahnung erfährt der andere den „Primat des Spiels gegenüber dem Bewusstsein des Spielenden",[22] das heißt er sieht sich von dem gespielten Spiel überragt und verpflichtet, weiter mitzuspielen. Doch unmittelbar danach geschieht die argumentative Pirouette: Hat der Apologet über das Spiel den Konsens mit dem Skeptiker erworben, verwandelt

[22] Vgl. H. G. Gadamer, *Wahrheit und Methode. Grundzüge einer philosophischen Hermeneutik*, GW 1, Mohr Siebeck, Tübingen 1990, 110.

er die Wette unmittelbar in eine zielorientierte Tätigkeit, ohne dass sein Gesprächspartner die Möglichkeit hat, dies zu merken. Damit ist der gutgemeinte Betrug von Pascal aufgedeckt – zumindest von uns. Anders gesagt: Der Übergang vom geometrischen zum feinsinnigen Geist geschieht auf Kosten einer Entgleisung von der Logik des Spiels (als vollzugsorientierte Tätigkeit) zu der des existenziellen Interesses (das heißt einer zielorientierten Tätigkeit). Von hier aus wird das Leben selbst im Ganzen eine offene Wette, bei der man das Endliche für einen unendlichen Gewinn aufs Spiel setzt. Der potenzielle Gewinn wird nämlich die ewige Seligkeit, während die ewige Verdammnis der potenzielle Verlust wäre, der ja nun implizit dem Atheisten droht. Und was würde der Mensch verlieren, wenn dann Gott am Ende nicht existieren würde? Nur seine irdische Freude, das heißt die freie Ausübung seiner Leidenschaften – meint der Skeptiker, der doch zugleich sieht, dass das Verhältnis zwischen Höhe des Einsatzes (ewige Seligkeit) und Verlust (irdische Freude) letzten Endes vorteilhaft bleibt. Deswegen fühlt er sich fast versucht, auf die Existenz Gottes zu wetten, muss aber zeitgleich zugeben, dass seine irdischen Leidenschaften ziemlich tief in ihm sitzen und ihn stark von der Wette ablenken. Das ist nun sein großes Hindernis geworden.

Um dieses zu überwinden, greift Pascal eine dritte erkenntnistheoretische Ebene auf, die „Intelligenz" des Körpers *(res extensa)*. Hier gelangen wir zur zweiten argumentativen Wendung des Dialogs, diesmal vom feinsinnigen Geist zur Ordnung des Körpers, wobei sich nun das eigentliche Hindernis auf dem Glaubensweg als ein praktisches herausstellt und dem „tätigen Leben" ein performativer Wert zukommt. Dem Skeptiker, der gerne auf Gott setzen würde, sich aber aufgrund seiner Leidenschaften dazu nicht in der Lage sieht, schlägt der Gläubige vor, den Lebensstil derer nachzuahmen, die vor ihm den Glaubensweg gegangen sind. Er soll diese Arbeitshypothese annehmen: versuchen, sich den einfachen Praktiken des frommen Lebens zu unterwerfen (Weihwasser, Messen, ...), damit diese neuen Gewohnheiten die andere religionswidrige Gewohnheit beugen. Um die persönlichen Auswirkungen dieser Praktiken auf den Punkt zu bringen, verwendet Pascal einen sehr starken Ausdruck: „ça vous abêtira", den einige Übersetzer als „wird Euch demütigen" (Ulrich Kunzmann), „verdummen" (Ugo Bernasconi, Aldo Devizzi), „zähmen" (Ferdinando Neri) wiedergeben. Wortwörtlich bedeutet „ça vous abêtira" so etwas wie „es wird Euch zu Bestien machen". Dieser Ausdruck ist nämlich von einer besonderen, von Descartes abstammenden Anthropologie motiviert, die den Menschen unter anderem als Körperautomaten sieht: „Denn man darf nicht verkennen, wir sind ebensosehr [Automat][23] wie Geist." Dem Menschen, der physiologisch als körperlicher Automatismus verstanden wird, schlägt der Gläubige vor, sich einem neuen Mechanismus *(machine)* als Gegenmittel zur Irreligiosität zu unterwerfen. Es ist notwendig, sich neuen Gewohnheiten zu beugen, um die alten Neigungen auszurotten. Für die moralische Gewissheit ist diese transformative Kraft der Gewohnheit genauso wesentlich wie der feinsinnige Sinn: „und daher kommt es, dass das Mittel, um zu überzeugen, nicht allein die Beweisführung ist. Wie wenige bewiesene Dinge gibt es doch! Die Beweise überzeugen nur den Geist, die Gewohnheit macht unsere Beweise zu

---

23 PASCAL, *Gedanken*, 821/252, 432. Mein Übersetzungsvorschlag wäre terminologisch wie inhaltlich dem Originaltext angemessener.

den stärksten und glaubwürdigsten. Sie lenkt den Geist in eine Richtung, und er zieht den Geist mit sich fort, ohne dass dieser darüber nachdenkt. Wer hat bewiesen, dass morgen Tag sein wird und dass wir sterben werden, und was glaubt man fester als dies? Also ist es die Gewohnheit, die uns davon überzeugt. Sie macht so viele zu Christen, sie macht zu Türken und zu Heiden, sie macht, dass man gewisse Berufe ergreift, Soldat wird usw. [...] Man muss einen leichteren Glauben gewinnen, den der Gewöhnung, der ohne Gewalt, ohne Kunst und Beweisgrund auskommt, der uns die Dinge glauben lässt und alle unsere Kräfte diesem Glauben zuwendet, sodass unsere Seele ihm ganz natürlich erliegt."[24]

Offenkundig entspricht diese Gedankenwelt von Pascal – die wohl von jansenistischen Zügen geprägt ist – nicht unserem spontanen Religions- und Lebensgefühl. Es lohnt sich dennoch, auf die Eigenart seiner Argumentation zurückkommen, die auf dem Kontrapunkt von „Vernunft", „Herz" und „Ordnung der Körper" basiert. Darin verbirgt sich nämlich etwas, das auch für uns heute interessant sein dürfte. Der Gläubige bedient sich jeder der drei Erkenntnisgranden bis zu dem Punkt, an dem sie, nachdem sie ihre ganze Kraft entfaltet haben, auch ihre eigentliche Begrenztheit offenlegen: zunächst wird der geometrische Geist als widerlegende Prämisse verwendet und schließlich aufgegeben, da ihm letztlich aber keineswegs die Glaubensentscheidung zusteht. Der feinsinnige Geist ist unerlässlich, um zu ahnen, dass es vorteilhafter wäre, auf die Existenz Gottes zu setzen; doch ist er dafür keineswegs ein ausreichender Beweis, da er völlig unbrauchbar ist, wenn es darum geht, den Wider-

[24] Ebd.

willen des Skeptikers zu beugen. Die Gewohnheit, auch wenn sie den Willen zu bewegen vermag, ist an und für sich neutral (denn sie macht Christen, wie Muslime, Heiden und Soldaten). Sie könnte jedoch gefährlich werden, wenn sie nicht vom feinsinnigen Geist begleitet und geleitet wäre. Auf diese Weise wird mit jedem Schritt bestätigt, dass die Widerlegung des Skeptizismus nicht durch das Einbeziehen von direkten theologischen Motiven erfolgt (obwohl Pascal von diesen durchaus inspiriert ist), sondern stets mittels einer differenzierten Sicht auf das Erkenntnisvermögen. Dadurch erweist sich die Wette weder als ein willkürlicher Akt, der der Vernunft widerstritte (Fideismus), noch als ein rein dialektischer Selbstvollzug derselben (Rationalismus). Letztes gilt schon deshalb, weil die Selbstbegrenzung der Vernunft sowohl vernünftig ist („Nichts ist so sehr der Vernunft gemäß als diese Verleugnung der Vernunft“[25]), das heißt dem feinsinnigen Geist entspricht, aber zugleich einen Akt der Freiheit darstellt, der das Kühne der Wette anerkennt und sich ihr stellt. Damit nähern wir uns der möglichen Aktualität der pascalschen Wette, welche die Glaubwürdigkeit des Christentums letztendlich aus seiner „Denk- und Hoffnungswürdigkeit“ herleitet.

Pascal weiß nämlich allzu gut, dass er seinen mondänen, zerstreuten Gesprächspartner nicht mit den klassischen Gottesbeweisen erreichen kann. Bei ihnen kann man nicht gewinnen, wenn man nicht am selben Pokertisch der unendlichen Möglichkeit mitspielt. Und der Einsatz muss *der eigenen Existenz* und nicht zunächst der Existenz Gottes gelten. So versteht man seine Strategie: Wie ein Spieler, der dem Rivalen sein Bein stellt, zielt seine Apologetik darauf

---

[25] Ebd., 182/272, 124.

ab, die Unbegreiflichkeit der menschlichen Situation aufzuweisen: „wenn er sich rühmt, demütige ich ihn. Wenn er sich demütigt, rühme ich ihn. Und ich widerspreche ihm immer. Bis er begreift, dass er ein unbegreifliches Monstrum *(un monstre incompréhensible)* ist."[26] Diese der französischen Moralisten eigene Hermeneutik der menschlichen Widersprüchlichkeit – verschärft durch den Augustinismus von Port Royale – stellt den anthropologischen Hintergrund Pascals fundamentaltheologischer Hermeneutik dar. Der Mensch sei ein Wesen ungeahnter doppelter Möglichkeiten: Er sei großzügig bis zur Selbstvergessenheit und Selbsthingabe, doch unterläge er bei jedem Schritt der Gravitationskraft der Eigenliebe; er sei rational bis zur Genialität und doch von gemischten Gefühlen geprägt, vor denen der Verstand immer einen Schritt zurückbleibt: „Erkenne also, du Hochmütiger, welches Paradoxon du für dich selbst bist!".[27] Daher könnte uns eine Religion, die sich selbst als „wahr" bezeichnen will, nur über diese Kette von wachsenden Widersprüchlichkeiten aufklären. Sie solle an den Polen von extremen Gegensätzen arbeiten: „sie muss [...] eine Erklärung für diese erstaunlichen Widersprüchlichkeiten geben [...] Sie muss uns die Heilmittel gegen diese Unfähigkeit und die Wege weisen, um diese Heilmittel zu erhalten".[28] In dem Versuch, eine existentiell-hermeneutische Apologie vorzulegen, die auf der „Denk- und Wünschbarkeit" der christlichen Botschaft beruht, liegt die großmöglichste Aktualität von Pascal – und gewiss nicht in der Diskreditierung der menschlichen Situation! Nicht die

---

26 Ebd., 130/420, 86.
27 Ebd., 131/434, 90.
28 Ebd., 149/430, 109 f.

Wahrheit des Christentums zu beweisen, ist hier der Punkt, sondern die „Optionswürdigkeit“ aufzuweisen, dass das Christentum wahr sein könnte. Die Wette bringt nämlich nichts ontologisch Schlüssiges hervor – was Descartes dagegen mit seinen Gottesbeweisen zu tun vorgab –, sondern stellt eine Hermeneutik der „Postulierbarkeit“ dar: Was in der Religion verachtet wurde, muss *verehrungswürdig* werden; was gefürchtet und gehasst wurde, muss *liebenswert* gemacht werden; die Angst, dass die Religion wahr sei, muss durch den Wunsch ersetzt werden, „dass sie wahr sein möge, und danach zeigen, dass sie wahr ist“.[29]

An dieser Stelle erscheint freilich auch ein anderer Gott, derjenige, der die Endlichkeit an- und in sich aufnimmt: der Gott der Offenbarung. Nicht dass sich damit alle Probleme in Wohlgefallen auflösten. Die christlichen Mysterien lösen nicht auf, sondern ein, schaffen die Widersprüche des Lebens nicht ab, sondern verschärfen sie gewissermaßen ins Ungemessene: „Christus ist eher eine Stelle des Bruchs als des Gleichgewichts“.[30] Denn welcher Gott wäre je auf der Höhe der Sehnsüchte, Grenzen, Unangemessenheiten und Widersprüche des Menschen? Da gibt es keine Antwort, sondern nur die Logik einer Steigerung der Gegensätze. Die christlichen Mysterien (Menschenwerdung, Trinität, Gnade, Sakramente, Kirche) heben die entgegengesetzten Pole nicht auf, sondern verschärfen sie, in dem man sie ungeheuerlichste Gegensätze differenziert zusammenzudenken lässt (Einheit-Differenz; Gott-Mensch; Freiheit-Notwendigkeit, Tod-Leben, etc.). Das Paradox des gekreuzigten und auf-

---

[29] Ebd., 12/187, 39f.

[30] R. LATOURELLE, *L'uomo e i suoi problemi alla luce di Cristo*, Cittadella, Assisi 1982, 65.

erstandenen Gottmenschen sei so beschaffen, dass es die Widersprüche der Existenz durchmisst, durchkreuzt und noch zuspitzt, ohne sie einfach aufzulösen. Nur das noch größere göttliche Paradoxon wäre nach Pascal dem in sich schon ungeheuren Widerspruch menschlichen Lebens und Denkens gewachsen. Das, was Pascal sucht, ist also kein *happy end* oder Gleichgewicht, sondern ein höherer Gipfel, der in seiner Inkommensurabilität ein anderes hermeneutisches Paradigma offenlegt, von dem her die *condition humaine* in einem anderen Licht erscheint.

In all dem zeigt sich das Vertrauen auf die Gottesexistenz als die Bewegung eines differenzierten Erkenntnisvermögens, das eine Wirklichkeit anerkennen kann, die es übersteigt, welche aber doch und gerade darin jene Knoten löst, die für die „reine Vernunft" unauflösbar bleiben – und genau deswegen ist die pascalsche Logik des christlichen Paradoxons kein Irrationalismus. Vielmehr handelt es sich bei ihr um ein „interpretativ positives Vielleicht", das weder eine Anpassung an das Sein noch eine lineare, wenn auch asymptotische Annäherung an eine metaphysische Realität ist, die ein für alle Mal außerhalb von uns gegeben ist. Nein, es geht um eine Annäherung an eine Transzendenz, die auf einer dimensional anderen ontologischen Ebene angesiedelt ist und daher die Vernunft zu weiter ausdifferenzierten Hypothesen, sozusagen zu einem erprobenden Wetten herausfordert.

Mit dieser Deutung Pascals wäre selbst Immanuel Kant (1724–1804) einverstanden, da er die Gottesidee im Interesse der praktischen und eben nicht der theoretischen Vernunft sieht. Wenn Pascal nämlich die Existenz Gottes und die Plausibilität des Christentums aus der „Optionswürdigkeit" ableitet, tut Kant dasselbe durch die „Schlussfolgerung der Hoffnung“[31]: „[Das Hoffen] läuft zuletzt auf den Schluss hinaus, dass etwas sei (was den letzten möglichen Zweck bestimmt), *weil etwas geschehen soll;* [das Wissen], dass etwas sei (was als oberste Ursache wirkt), *weil etwas geschieht*“.[32] Auch dabei sind wir mit einer differenzierten Sicht auf das Erkenntnisvermögen konfrontiert, die sich in diesen zwei verschiedenen Arten von Schlussfolgerungen zeigt. Der Unterschied zwischen der „Schlussfolgerung des Wissens“ (analytisch) und der „Schlussfolgerung der Hoffnung“ (synthetisch) besteht nicht in einem unterschiedlichen Grad an argumentativer Kraft, die bei der „Schlussfolgerung des Wissens“ größer wäre als bei der anderen, sondern nur in dem unterschiedlichen Referenten: die „Schlussfolgerung des Wissens“ hat als Gegenstand die Phänomene, *das, was geschieht,* die „Schlussfolgerung der Hoffnung“ hat als Gegenstand die ethische Erfahrung und *das, was moralisch geschehen soll.*

Da nun – wie Kant bei der Behandlung des „Kanons der reinen Vernunft“ am Schluss seiner *Kritik der reinen Vernunft* betont – „Praktisch ... alles [ist], was durch Freiheit möglich ist“[33], das heißt: da die Freiheit die Bedingung aller Sittlichkeit ist, ist die „Schlussfolgerung der Hoffnung“ ihrem Wesen nach der Möglichkeit ausgesetzt, dass an ihrer Grundlage gezweifelt werden kann – und gerade deshalb bleibt sie ein „positives Vielleicht“. Mit anderen Worten: Das, was diese Art von Schlussfolgerung – und damit auch die pascalsche Wette – zu einem „interpretativen positiven Viel-

---

[31] Mit der „Schlussfolgerung der Hoffnung“ kommt bei Kant das „positive Vielleicht“ der praktischen Vernunft argumentativ zum Ausdruck: De Candia, *Il Forse bifronte,* 51–62.

[32] I. Kant, KrV B 833–834 – A 805–806.

[33] Ebd., B 828.

leicht" – und somit in gewissem Sinne *problematisch* macht – ist die Tatsache, dass sie nicht von außen befohlen werden kann, sondern eine freie Annahme voraussetzt: bei Kant die der moralischen Pflicht, bei Pascal die der verschiedenen „Sprünge" zwischen den drei vorgestellten Ordnungen der Erkenntnis. Trotz wesentlicher zeitlicher und philosophischer Unterschiede versuchen doch beide, das Irreduzible im Menschen zu wecken, nämlich seine Neigung zur positiven Wahrscheinlichkeit, sein Bedürfnis nach einer Hoffnung, die den Bereich des bloß Berechenbaren und der logischen Ableitung überschreitet. So notierte Cesare Pavese (1908–1950) in sein Tagebuch: „Was für ein großer Gedanke, dass *uns in Wahrheit nichts geschuldet ist.* Oder hätte uns je irgendjemand etwas versprochen? Warum sind wir dann in Erwartung?".[34] Ein Christentum, das dem entspräche, wäre an sich liebenswürdig, treu der „gastfreundschaftlichen Heiligkeit"[35] des Lehrers des Evangeliums.

---

[34] C. Pavese, *Il mestiere di vivere (1935–1950)*, hrsg. von Marziano Guglielminetti und Laura Nay, Einaudi, Torino 1997, 303: „Com'è grande il pensiero che veramente *nulla a noi è dovuto.* Qualcuno ci ha mai promesso qualcosa? E allora perché attendiamo?". Eigene Übersetzung.

[35] Ch. Theobald, *Christentum als Stil. Für ein zeitgemäßes Glaubensverständnis in Europa*, Herder, Freiburg – Basel – Wien 2018, 58–63. „Gastfreundschaftliche Heiligkeit" nennt Theobald den „Stil" bzw. die „Lebensform" Jesu.

4.

Der liebenswerte Mensch

„Die Aura ist Erscheinung einer Ferne,
so nah das sein mag, was sie hervorruft"
WALTER BENJAMIN[1]

Es gibt etwas nicht Greifbares und Ätherisches, das uns manchmal verzaubert; etwas Unsichtbares und doch Formbares und Bewegliches, das uns dennoch wirksam anzieht; etwas Subtiles, das man nur erahnen oder erraten kann; etwas, das uns, wenn es fehlt, in einem Zustand merkwürdiger Unruhe zurücklässt; etwas Entscheidendes, das doch unmöglich erschöpfend ausgedrückt werden kann. Es ist nicht fassbar wie ein Gegenstand, sondern Teil der atmosphärischen, geistigen Seite der Wirklichkeit. Diese Realität mag Vladimir Jankélévitch (1903–1985) im Auge gehabt haben, als er von einem „Ich-weiß-nicht-was" *(Je-ne-sais-quoi)* oder einem „Beinahe-Nichts" *(Presque-rien)*[2] sprach, von einer anderen, höheren Qualität, die genauso wie ein Ereignis in den Augenblick hineinbricht, deren Wesen aber unergründlich bleibt. Dieses „Anders", das die Realität auch als Unmittelbares durchbricht, ist *der Charme.* Er strahlt aus, folgt den Gesetzen der ästhetischen Anziehungskraft und

---

[1] W. BENJAMIN, *Das Kunstwerk im Zeitalter seiner technischen Reproduzierbarkeit. Drei Studien zur Kunstsoziologie,* Suhrkamp, Frankfurt am Main 1963, 18.

[2] V. JANKÉLÉVITCH, *Das Ich-weiß-nicht-was und das Beinahe-Nichts,* Verlag Turia + Kant, Wien 2009.

nicht der Gnosis, er folgt der sensiblen Intuition und nicht der Reflexion. Etwas Äußeres ergreift die Initiative, kommt auf uns zu und zieht uns an, erweckt in uns ein Gefühl der Ehrfurcht, provoziert die Dringlichkeit der Anerkennung. „Être sous le charme", sagt die französische Sprache. Unter dem Charme zu stehen, ist daher zunächst eine Erfahrung der Passivität. Wir haben sofort das Gefühl, eine charmante Frau oder einen charmanten Mann vor uns zu haben, auch wenn er lange Zeit in Pose steht. Er kann stundenlang schweigen und einen riesigen Raum mit sich selbst füllen. Er hat nichts von der Affektiertheit des *Charmeurs*, der den anderen gegen dessen Unabhängigkeit mit seinen Manieren zu verführen versucht. Im Gegenteil: Der Impuls, der aus einer charmanten *allure* ausgeht, scheint eine größere Freiheit zu versprechen und auf den Weg zu einem besseren Mensch-Sein hinzuweisen. Authentischer Charme ist gewiss einfach, aber er ist keine natürliche Gabe. Er ist Resultat einer ethischen Haltung, eines präzisen Stils, der aus Selbsterkenntnis und -distanzierung besteht. Allerdings würde eine gewollte Anstrengung nicht ausreichen, um Charme zu gewinnen, sondern vielmehr die Gefahr mit sich bringen, diesen auszulöschen. Denn Charme ist eine Gnade: Er setzt die eigene Natur voraus und vollendet sie. In der Tat leitet sich das französische Wort „Charme" vom griechischen „Charis" (Gnade) ab, von dem auch das Wort „Charisma" abstammt. Es ist also kein Zufall, dass im Italienischen „Grazia" sowohl Anmut als Gnade bedeutet. Ein wirkungsvolles Beispiel für diese subtile Dialektik zwischen Charme und Stil, zwischen Ausstrahlung und ihrem Movens, wird uns in der künstlerischen Erfahrung gegeben. Nichts könnte weiter von der Wahrheit entfernt sein als der Glaube, dass ein Kunstwerk ausschließlich das Ergebnis einer blitzartigen Intuition sei. Derartige künstlerische Einfälle sind durchaus möglich, doch selbst diese bedürfen einer nachgeordneten Technik, um vergegenwärtigt zu werden. Auch der große Künstler arbeitet in einem mühseligen Vorgehen mit vielen Versuchen, in denen er lernen muss, mit dem Widerstand der Stofflichkeit und der eigenen Ungeschicklichkeit umzugehen, die nie ganz dem Urbild des Werkes genügen werden. Selbst die Großen mussten damit beginnen, nicht auf sich selbst zu bestehen. Sie begannen vielmehr damit, die Zeichnungen anderer zu kopieren, die Techniken anderer zu imitieren und die Stücke anderer zu spielen. Und durch diese Übung lernte jeder, seine eigene Stimme und Bestimmung zu erkennen und seinen eigenen Stil zu entwickeln. Je mehr der Künstler mit der Tradition konfrontiert wurde und je mehr er sich mit dem Widerstand der Materie auseinandersetzte, desto mehr wurde er Zeuge des Aufkeimens seines eigenen inneren Impulses, seiner eigenen Einzigartigkeit. Er lernte, eine Form zu verfolgen, die noch nicht dagewesen war, die er aber von Anfang an als ein notwendiges Sein empfand. Der Charme von Dante, Raphael, Mozart oder Bach, Dürer oder Klee ist also auf etwas Ähnliches zurückzuführen, nämlich auf eine lange, abenteuerliche und anspruchsvolle Ausbildung. Letztlich handelt es sich um einen Rhythmus des gegenseitigen Wachsens zwischen Erbe und Originalität, zwischen Lehre und Genie, zwischen Veranlagung und Umsetzung, zwischen Material und Form, zwischen Stil und der Entfaltung des eigenen authentischen Charmes.

Es sollte daher nicht überraschen, dass der Charme Jesu ebenfalls auf etwas Ähnliches zurückzuführen ist, also auf einen durch Übung geschmiedeten Stil. Seine Lebensweise war keineswegs die eines Meteoriten, der plötzlich auf die

Erde fiel. Während der großen Stille der Jahre in Nazareth musste auch der Sohn Gottes das Geheimnis seiner Einzigartigkeit lernen. Lehrjahre in der Werkstatt seines Vaters, Noviziatsjahre an der Seite seiner Mutter. Auch er, der ohne Sünde geboren wurde, musste lernen, dem Leben zu gehorchen, seine einzigartige Gemeinschaft mit dem Vater zu erkennen. Er musste sich einen souveränen Verstand erarbeiten, sich in der Kunst einer gewitzten und unverblümten Ausdrucksweise üben und jenen virilen Impuls erlernen, der es versteht, auf die Selbstvergessenheit zuzulaufen. Diesen Charme des Rabbi von Nazareth strahlt fast jede Seite der Evangelien aus. Wenn selbst wir, die entfernten und nie zufriedenen Leserinnen und Leser, fasziniert von ihm sind, wie viel realer muss diese Faszination für seine Zeitgenossen gewesen sein? Denn er hat den Mut, „Ich“ zu sagen, ohne „dogmatisch“ zu sein, und oft in Weisheit zu schweigen, ohne unbedeutend zu erscheinen; er ist verletzlich und stolz zugleich, auch in Momenten heftiger Polemik; er ist göttlich, aber nicht sakral, allen nahe und allen fern; fähig, einzugreifen und aufzuschieben, Anerkennung einzufordern und sich missverstehen zu lassen, auch das Unreine, das Feindliche und das Fremde aufzunehmen. Seine Einsamkeit ist keine Isolation: Er stellt bereitwillig Fragen und unterhält sich bei Banketten, wobei er sogar gegen die Regeln des Judentums verstößt. Seine zölibatäre Seele ist nicht gefühllos: Er ist gerührt und lässt die Zärtlichkeiten von Frauen zu; er kann ohne Effekthascherei Wunder vollbringen und Tote auferwecken; seine Reinheit ist nicht verächtlich, denn er verspricht der Ehebrecherin die Vergebung ihrer vielen Sünden, weil sie viel geliebt hat; seine Weisheit ist nicht raffiniert, denn es sind menschliche Erfahrungen oder Beispiele aus der Naturwelt, die ihm zu seinen Parabeln verhelfen. Seine Sanftmut ist nicht unentschlossen, denn er ist mannhaft und hartnäckig, wenn er die Händler aus dem Tempel vertreibt. Sein Gehorsam ist kein Verzicht, denn er ist herrschaftlich und großzügig als Diener. Er ist arm, er hat keinen Stein, auf dem er sich ausruhen kann, aber er kennt die Großzügigkeit und Verschwendung des großen Herrn und so freut er sich über das kostbarste Öl, das ausgeschüttet wird, oder über die Brote, die im Überfluss vermehrt werden, über die Krüge mit gutem Wein, die bis zum Rand überlaufen, oder über die ausgestreckte Faust, die überall Samen regnen lässt. Er freut sich über den Herrn, der diejenigen entlohnt, die nur eine Stunde arbeiten, oder über das Mahl, das für die Rückkehr seines verlorenen Sohnes angesetzt ist. In dieser außergewöhnlichen Dialektik erkennen wir die Quintessenz des Stils Jesu. Die Evangelien bezeugen, dass ein solches Mysterium weder erfunden noch bewiesen werden kann, sondern diesem nur auf seine eigene Weise begegnet und so erzählt werden kann. Jeder der vier Evangelisten berichtet zwar über dieselben Ereignisse im Leben Jesu und verkündet das gleiche Kerygma, aber stets in seinem eigenen, einzigartigen Stil. Dennoch gibt es ein stilistisches Element, das die Erzählungen von Markus, Matthäus, Lukas und Johannes verbindet. Sie vermitteln uns den Stil Jesu, der in seiner Zuwendung mit wenigen Verben spürbar wird. Sie erzählen uns mit elementaren Substantiven von seinen Gefühlen. Auf diesen Seiten schreitet Jesus stattlich einher und zeigt sich in seiner Freude und Traurigkeit, in seiner Geselligkeit und Einsamkeit: Er ist wütend, er weint, er hat Angst, er hofft, er liebt, er fleht, doch ist er niemals sentimental oder pathetisch. Die Tatsache, dass die Evangelisten um diese Worte herum eine große Leerstelle lassen, als ob sie nicht wüssten, wie sie über eine Minimalformulierung hinausgehen sollten, scheint wenig beachtet worden zu sein. Es handelt sich jedoch nicht um eine Frage der Parteinahme. In der Tat müsste man dafür auf die Entstehung der literarischen Romangattung warten – ein Kind der Moderne und der Schärfung des Blicks auf das Subjekt –, um dem emotionalen Universum die gebührende Aufmerksamkeit in der Literatur zu schenken. Es wäre daher anachronistisch, von den Evangelien etwas zu erwarten, was sie nicht geben können. Dieser „Freiraum" um den evangelischen Protagonisten herum hat jedoch im Laufe der Zeit die unterschiedlichsten Lesarten begünstigt, von denen jede darauf bedacht war, diese Leere mit ihren eigenen Gründen zu füllen: von dialektischen bis zu liberalen, von semitischen bis zu psychoanalytischen, von atheistischen bis zu frommen, von politischen bis zu mystischen. Und jedes Mal bieten sich die Erzählungen der Evangelien an, anders interpretiert zu werden, sei es dank der narrativen Lücken, die sie kennzeichnen, sei es dank des Fehlens einer Psychologie im modernen Sinne, die darauf abzielt, die historische Entwicklung des Bewusstseins Jesu zu umreißen.

Die christologischen Titel selbst – die bedeutungsvollen Epitheta, mit denen die Identität Jesu verkündet wird (Prophet, Messias, Menschensohn, Gottessohn, Herr) – stellen eine besondere biblisch-theologische Absicht dar. Das Fehlen einer ausgefeilten Psychologie gilt bei näherer Betrachtung auch für die anderen Figuren, die um Christus kreisen. Auffallend ist jedoch, wie selbst diese Nebenfiguren trotz der wenigen Pinselstriche eine eigene Persönlichkeit mit unverwechselbarem Charakter erkennen lassen. Wir erfahren, dass die Jünger, aber auch die Frauen und Männer, die Jesus auf seinem Weg begegneten, Freude, Erstaunen, Liebe,

Angst, Bestürzung, Trauer, Selbstwidersprüche und alle Gefühlsfarben der menschlichen Palette erlebten. Die Evangelisten halten sich jedoch nicht mit den Gründen für deren Emotionen oder Leidenschaft auf. Das Gleiche gilt für die Figuren, die die Gleichnisse bevölkern: Freude über den Schatz oder den gefundenen Sohn, Furcht vor der Strenge des Herren der Talente, Gewissensbisse des Zöllners im Tempel, rücksichtslose Starrheit gegenüber dem armen Lazarus; aber wie sie zu ihren jeweiligen Haltungen gekommen sind, liegt außerhalb des Rahmens und des Interesses der Autoren. Die emotionalen Reaktionen eines Geheilten, der Jünger oder des Volkes vor dem Rabbi werden nämlich kaum beleuchtet, sondern sofort übergangen. Niemals verweilt der Erzähler, um die inneren Bewegungen zu entschlüsseln, die einer Geste vorausgehen, auch nicht beim Verrat des Judas. Und vielleicht ist gerade das der Grund, warum die Aura des Nazareners – jene Patina des Lichts, die ihn überall begleitet – auf diesen Seiten zeitlos bleiben wird, immer berührend und unberührbar, prägnant und schwer fassbar, für jeden präsent und von jedem fern. Sein Sprechen und Handeln bleiben dort als eine Erscheinung von unerwarteter Nähe, die auch als schmerzhafte Abwesenheit wahrgenommen wird. Deshalb schicken sie uns plötzlich in die Ferne, ins Geheimnisvolle zurück, selbst wenn uns das, was sie hervorrufen, als das vertraute Unsere erscheint.

Mir scheint, dass die Quintessenz dieses Stils Jesu sehr nah an dem liegt, was Baldesar Castiglione 1528 mit dem Wort „sprezzatura" ins Auge fasste: „Ich habe nun des öfters bei mir nachgedacht, woher die Anmut *(grazia)* … eigentlich stamme, und eine Regel gefunden, die mir allgemein g[ü]ltig zu sein scheint bei allen menschlichen Taten und Reden: man muss jede [Art von Stilisierung] gleich einer spitzigen und gefährlichen Klippe vermeiden und, um eine neue Wendung zu gebrauchen, eine gewisse *(sprezzatura)* [souveräne Unbefangenheit] zur Schau tragen, die die angewandte Mühe verbirgt und alles, was man tut und spricht, als ohne die geringste Kunst und gleichsam absichtslos hervorgebracht erscheinen lässt. Davon leitet sich, glaube ich, am meisten die Anmut ab".[3] Alle bisher angebotenen deutschen Übersetzungen des Begriffs „sprezzatura" (wie „gewisse Nachlässigkeit")[4] oder der Formel „sprezzata disinvoltura" („geringschätzige Ungezwungenheit")[5] scheinen mir verfehlt, weil sie nicht einmal in die Nähe seines Wesens gelangen. Würde man *sprezzatura* mit „Selbstvergessenheit" übersetzen, reduzierte man sie auf einen asketischen Akt. Auch „Unbekümmertheit" wäre unangemessen, denn diese kann leicht verächtlich werden. Selbst eine „gelöste Unbeschwertheit", die der *sprezzatura* etwas näher läge, riskiert, sie auf eine mangelnde Aufmerksamkeit für Umweltreize zu begrenzen. Ich finde keine andere Formulierung als „souveräne Unbefangenheit", um auf die schöpferische Grundhaltung der *sprezzatura* zu verweisen, die je nach Umständen variieren kann und in bestimmten Situationen auch zu einer leicht „verachtungsvollen" Souveränität werden kann, die auch etwas Undurchdringliches aufweisen mag. Dietrich Bonhoeffer kommt der „sprezzatura" sehr nahe, wenn er schreibt: „Qualität ist der stärkste Feind jeder Art von Vermassung. Wenn wir nicht den Mut haben, wieder ein echtes

---

[3] B. Castiglione, *Der Hofmann*, Erstes Buch XXVI, hrsg., eingeleitet und übers. von Albert Wesselski, Georg Müller Verlag, München und Leipzig 1907, 66 f.

[4] Ebd.

[5] So die Übersetzung von Burkhart Kroeber in dem Roman von U. Eco, *Die Insel des vorigen Tages*, Carl Hanser Verlag, München – Wien 1995.

Gefühl für menschliche Distanzen aufzurichten und darum persönlich zu kämpfen, dann kommen wir in einer Anarchie menschlicher Werte um. ... Wenn man nicht mehr weiß, was man sich und anderen schuldig ist, wo das Gefühl für menschliche Qualität und die Kraft, Distanz zu halten, erlischt, dort ist das Chaos vor der Tür. Wo man um materieller Bequemlichkeit willen duldet, daß die Frechheit einem zu nahe tritt, dort hat man sich bereits selbst aufgegeben, dort hat man die Flut des Chaos an der Stelle des Dammes, an die man gestellt war, durchbrechen lassen und sich schuldig gemacht am Ganzen. In anderen Zeiten mag es die Sache des Christentums gewesen sein, von der Gleichheit der Menschen Zeugnis zu geben; heute wird gerade das Christentum für die Achtung menschlicher Distanzen und menschlicher Qualität leidenschaftlich einzutreten haben. Gesellschaftlich bedeutet das den Verzicht auf Positionen, den Bruch mit allem Starkult, den freien Blick nach oben und unten, Freude am verborgenen Leben wie den Mut zum öffentlichen Leben. Kulturell bedeutet das Qualitätserlebnis, die Rückkehr von der Hast zur Muße und Stille, von der Zerstreuung zur Sammlung, von der Sensation zur Besinnung, vom Virtuosenideal zur Kunst, vom Snobismus zur Bescheidenheit, von der Maßlosigkeit zum Maß. Quantitäten machen einander den Raum streitig, Qualitäten ergänzen einander."[6] Und daher ist auch die „sprezzatura" einer der Gründe, weshalb die christliche Verkündigung weiterhin auf den Wert von Stil und Charme setzen und einen lächelnden Realismus aufweisen sollte.

---

[6] D. Bonhoeffer, *Widerstand und Ergebung*, DBW 8, hrsg. von C. Gremmels, E. Bethge, R. Bethge, Gütersloher Verlagshaus, Gütersloh – München 1998, 31 ff.

5.

Der humorvolle Mensch und sein lächelnder Gott

„Der Mensch dachte und Gott lachte“
JÜDISCHES SPRICHWORT

Was wäre, wenn der Kosmos aus dem Ausbruch eines göttlichen Lachens heraus entstanden wäre? So die These des anonymen Verfassers des Leidener Papyrus X aus dem späten 3. Jahrhundert nach Christus. Aus einem siebenfachen Lachen Gottes wurden die sieben weltumfassenden Götter geboren: Der Weltschöpfer brach in Lachen aus und es entstand Helios; er brach zum zweiten Mal in Lachen aus und es war Wasser. Beim dritten Lachen erschien Hermes, beim vierten die Natur, beim fünften Moira, beim sechsten Kairos. Beim siebten Male lachte er Freudentränen, und geboren wurde Psyche.[1] Selbst Proklos erwähnt einen orphischen Dichter, der die Geburt der Götter durch Emanation aus dem Lachen einer höheren Gottheit und die Geburt der Menschen aus deren Tränen hervorgehen ließ.[2] Auch in der homerischen *Ilias* und der *Odyssee* wird erzählt, dass ein „unauslöschliches

---

1 P. G. M. XIII. Faksimile-Edition von R. Daniel, *Zwei griechische magische Papyri im Nationalmuseum für Altertümer in Leiden.* Papyrologica Coloniensia XIX, Opladen 1991. Abrasax III; § 336: Text, Übersetzung und Kommentar.

2 PROKLOS, *Plat. Pol.*, Ed. W. Kroll I, 125; 128.

Lachen“ (ἄσβεστος γὲλος)[3] bei den olympischen, wohl allzu menschlichen Göttern erscholl, und auch sie waren es, die das Lachen zu den Menschen „schickten“.

Die Frage danach, ob auch die Bibel Gott ein Jauchzen oder Lachen zuspricht, ist hingegen interpretationsbedürftiger. Im Garten Eden herrschen zwar Ordnung und Gelassenheit, aber kein Humor. Mit seinem schöpferischen Wort schafft Gott die Welt, deren Ausführung durch Unterscheidungen (Himmel und Erde, Land und Meer …) und Zuordnungen (Pflanzen und Tiere …) stattfindet. Alles wird in Paaren gemacht, selbst der Mensch. In dem irdischen Paradies scheint der Humor zunächst keinen Platz zu haben. Erst wenn das paradiesische Gleichgewicht bricht, das heißt, wenn die Polaritäten, die zuvor in Harmonie koexistierten, negativ-dialektisch werden und sich in ein elliptisches spannungsreiches Feld verwandeln, entsteht die Möglichkeitsbedingung des Lachens. Die Erbsünde führt eine Art Frequenzstörung zwischen Denken und Sagen, Sagen und Tun, Sein und Haben, zwischen Menschen untereinander, zwischen Gott und Mensch ein. Nach der Erbsünde nehmen Adam und Eva mit zwiespältigen Gefühlen die Polaritäten als Gegensätze, gar als Kontraste wahr. So schämen sie sich beispielweise für ihre Nacktheit, denn die All-Einheit von Körper und Leib, die zuvor für beide selbstverständlich war, wird nun als ambivalent, ja dualistisch empfunden. Dies ist der Ursprung der Scham, vom Blick des anderen zum Objekt, zum Körper gemacht zu werden, deshalb „hefteten [sie] Feigenblätter zusammen und machten sich einen Schurz“ (Gen 3,7b) – eine groteske Pantomime.

---

3 *Odyssee,* VIII, 326; *Ilias,* I, 599–600.

Von hier an entfaltet sich die dramatische Handlung eines tragikomischen Epos: Ein humorloser Gott löscht die Menschheit mit der Sintflut aus; lächerliche Menschen errichten eine Stadt und einen Turm „mit einer Spitze bis in den Himmel“ (Gen 11,4a), und hier – nicht ohne bittere Ironie – verwirrt Jahwe ihre Sprache und reduziert alles auf ein Babel! Bemerkenswert ist die Geschichte der alten Sarah, der Frau Abrahams. Als sie die Prophezeiung hörte: „in einem Jahr ... wird deine Frau Sara einen Sohn haben“ (Gen 18,10), lachte sie still in sich hinein mit einer gewissen Skepsis. Erwischt leugnete sie aus Angst: „Ich habe nicht gelacht!“ (Gen 18,15). Ihr Sohn wird den Namen Isaak tragen, der so etwas wie „Gott hat (jemanden) zum Lachen gebracht“ bedeutet. Doch ironischerweise nimmt der humorlose Abraham den Befehl, Isaak zu opfern, bestialisch ernst (Gen 20, 1–19). Zieht er etwa nicht in Erwägung, dass Jahwe hier nur einen Scherz gemacht hat? Mögliches Zeichen dafür ist, dass später ein Engel Abrahams Hand aufhalten wird.

Eine derartige, kurz skizzierte Interpretation, die die Erbsünde als Motor der Ironie identifiziert, entstammt einer Auslegungstradition, die sich im christlichen Kontext entwickelt hat und von der später noch einmal die Rede sein wird. Dieser zufolge wäre es möglich, viele der im Alten Testament erzählten Ereignisse im Zeichen der Ironie respektive des Humors zu lesen, doch wäre dies größtenteils eine von außen kommende Projektion auf den biblischen Text und Kontext – gerade deshalb, weil eben nicht im Garten Eden, sondern auf dem Berg Sinai die Ironie des Judentums geboren wird. Der Sitz im Leben des jüdischen Humors wäre also nicht in der schriftlichen Tora zu suchen – denn hier gilt „wenig Scherz“ als eine der achtundvierzig unabdingbaren Tugenden für die Aneignung der Tora, wie einer der Sprüche der Väter (Pirqé Avot, VI, 6) mahnt. Die ursprüngliche Quelle des jüdischen Humors ist vielmehr die mündliche Tora, die Auslegung des Pentateuchs, die mit der Sinai-Erfahrung beginnt und deren höchster Ausdruck der Talmud ist. Auf dem Sinai hatte Gott dem Volk Israel durch Moses neben der „schriftlichen" auch eine ebenso heilig und maßgebende „mündliche Tora" gegeben, die für das Verständnis der Anwendung vieler biblischer Gebote, die in der schriftlichen Thora in undeutlicher oder allgemeiner Form erscheinen, unerlässlich ist. Diese mündliche Tora wurde von den Lehrern *(tannaim)* über Generationen hinweg kommentiert und mündlich an die Schüler weitergegeben, bis im 2. Jahrhundert Rabbi Yehudà Hanassì beschloss, alle bis dahin mündlich überlieferten Lehren niederzuschreiben *(Mischna)*. So besteht der Talmud, der wörtlich übersetzt „Studium" bedeutet, im ersten Teil genau aus der *Mischna* und im zweiten Teil *(Ghemara)* aus den zahlreichen Kommentaren zur mündlichen Tora, die von auslegenden Rabbinern *(Amoraim)* verfasst wurden. Eines der Elemente, das bei der Lektüre des Talmuds sofort ins Auge springt, sind die unzähligen Auslegungsdiskussionen: Es gibt nur wenige seit der Zeit des Moses überlieferte Vorschriften, über die sich die Meister nicht uneinig sind – nach Maimonides (1135–1204) sind es etwa dreißig. Zum anderen ist das diskrete Auftauchen der Ironie mit all ihrer prophetisch-kritischen und erklärenden Kraft offensichtlich. Es ist also in der Mündlichkeit als grundlegende Interpretations-, Aktualisierung- und Überlieferungsform der Tora angelegt, dass der jüdische Humor hier seinen Platz findet.

Dahingehend könnte auch die wohlbekannte Tradition des jüdischen Witzes mit ihrem leuchtenden und hintergründigen Wesen – das vor allem während der osteuropäischen Diaspora zwischen dem 19. und 20. Jahrhundert entstand und sich allmählich nach Westen ausbreitete – als eine Art „Säkularisierung" der mündlichen Tora und ihres prophetischen Charakters verstanden werden. Je mehr in dramatischer Weise das Überleben des jüdischen Volkes durch den Antisemitismus in Gefahr geriet, desto stärker erhob sich der Witz zur Widerstandsform gegen diese *gojim*. Der Jude gilt nämlich in den Augen eines Antisemiten als schuldig, auch wenn er nichts getan hat – ganz im Sinne des bereits beschriebenen *Kafkaesk*-Mechanismus. Daher würde jede Antwort des Beschuldigten an seinen Ankläger die Situation nur verschlimmern und dem Feind in die Hände spielen. Demgemäß besteht die Strategie des Witzes gerade darin, die Vorwürfe selbstironisch zu übernehmen, sie aber zugleich auf eine andere Ebene zu verlagern, um die Hierarchie zwischen Beschuldigtem und Ankläger zu vertauschen. Emblematisch ist in diesem Zusammenhang der von Sigmund Freud (1856–1939) überlieferte Aufmarsch der Berliner Juden unter den Fenstern des Hitler-Palastes, die Plakate mit der Aufschrift „Juden raus" trugen.[4] Der Angeklagte wird zum Ankläger und fordert auf sehr kraftvolle und prophetische Weise die Würde ein, die ihm der Feind nehmen will.

Deutlich abgründiger, ja tragikomischer ist eine jüdische Erzählung, die der Psychologe James Hillman (1926–2011) als Ausgangspunkt einer Reflexion über Urvertrauen und Verrat nimmt: „Ein Vater wollte seinem kleinen Sohn bei-

---

[4] S. FREUD, *Brief vom 13. Juni 1935 an A. Zweig*, in: E. JONES, *Life and Works of Freud*; it. Übersetzung: *Vita e opera di Sigmund Freud*, Mailand 1962, Bd. III, 239.

bringen, weniger Angst zu haben, mehr Mut zu haben, indem er ihn die Treppe hinunterspringen ließ. Er stellte seinen Jungen auf die zweite Stufe und sagte: ‚Spring, ich fange dich auf.' Und der Junge sprang. Dann stellte ihn der Vater auf die dritte Stufe und sagte: ‚Spring, und ich fange dich auf.' Obwohl der Junge Angst hatte, vertraute er seinem Vater. Er tat, was ihm gesagt wurde, und sprang seinem Vater in die Arme. Dann setzte der Vater ihn auf die nächste Stufe, und dann auf die nächste Stufe, und jedes Mal sagte er: ‚Spring, und ich fange dich auf', und jedes Mal sprang der Junge und wurde von seinem Vater aufgefangen. Und so ging das weiter. Dann sprang der Junge von einer sehr hohen Stufe, genau wie zuvor, doch diesmal trat der Vater zurück, und der Junge fiel auf sein Gesicht. Als er sich blutend und weinend aufrichtete, sagte der Vater zu ihm: ‚Das wird dir eine Lehre sein: Vertraue niemals einem Juden, selbst wenn es dein eigener Vater ist.'"[5]

Hinter der Fassade eines scheinbaren Antisemitismus – wir dürfen nicht vergessen, dass es sich um eine jüdische Erzählung handelt – bringt die Szene vorerst die Erfahrung des Betrogen-Werdens zum Ausdruck, die jeder von uns in zwischenmenschlichen Beziehungen erlebt haben mag, sei es in der Familie, in der Freundschaft oder in der Liebe. Zugleich lässt sich die Bandbreite ihrer möglichen Bedeutungen theologisch erweitern. Die Inszenierung mag auch die Gottverlassenheit von Jeremia und anderen Propheten widerspiegeln, die biblische Erfahrung des versprochenen

---

[5] J. Hillman, *Betrayal* (1964), in Ders., *Senex and Puer An Aspect of the Historical and Psychological Present,* edited and introduces by Glen Slater, in *Uniform Edition of the Writings of James Hillman,* Vol. 3, Spring Publication, Thompson, Connecticut 1967, 380 f. Eigene Übersetzung.

„gelobten Landes“, das doch Israel nie gegeben wurde, oder die Erfahrung der jüdischen Diaspora in den finsteren Zeiten des Nationalsozialismus, wobei der Vater des auserwählten Volkes „zurücktrat“ und selbst eine ungeheure Grausamkeit wie Auschwitz zugelassen hat. Unweigerlich lässt es einen an das Gebet des Juden Jesus von Nazareth im Garten Gethsemane und seinen Schrei am Kreuz erinnern, wo der Sohn ohnmächtig und völlig einsam bleibt: „Mein Gott, mein Gott, warum hast du mich verlassen?“. Und doch offenbart der Gekreuzigte inmitten so großer Pein und Verhältnislosigkeit in seinen letzten sieben Worten eine noch darüber hinauswachsende Souveränität.

Würde unsere Aufmerksamkeit aber auf den Karfreitag fixiert bleiben, bliebe kein Grund für die Freude. Trotz des Vollzuges und Gedankens der Auferstehung vom Tod, des vom Vater Erweckt-Werdens – einer der wenigen mächtigen religiösen Gedanken, die nicht „gewalttätig“ sind – wurde der christliche Glaube durch Jahrhunderte vom Spannungsfeld Sünde-Kreuzopfer, von der Erlösung durch das Blut her bestimmt, was unter anderem den Umgang der Christen mit dem Lachen problematisch machte. Sowohl von den Kirchenvätern als auch vom Mönchtum wurde dieses tatsächlich auf den Index gesetzt. Im 4. Jahrhundert leitet Johannes Chrysostomus (†407) aus der Lektüre der Heiligen Schrift ab, dass Jesus nie gelacht habe. Derselben Auffassung waren Basilius von Cäsarea (330–379) und Hieronymus (347–420). Über Salvian von Marseille (400–475) verbreitete sich diese Deutung auch in der lateinischen Kirche, wie Benedikt von Aniane (750–821) in der *Concordia regularum* bezeugt. Es ist also nicht verwunderlich, dass später Benedikt von Nursia (480–547) auf der zehnten Stufe der Demut schreibt, dass der Mönch nicht leichtfertig lachen soll, denn es steht geschrieben: „Der Narr bricht in schallendes Gelächter aus"; und auf der elften Stufe betont er ferner, dass der Mönch ruhig und bescheiden spricht, ohne unnötiges Gelächter und mit kurzen, überlegten Worten. Dass diese Autoren das Lachen als etwas Teuflisches verstanden wissen wollten, liegt nicht so sehr daran, dass Lachen den monastischen Anstand eines Gesichts entstellt und die nicht immer angenehm wirkenden Zähne der Mönche hervorhebt, sondern vor allem daran, dass es die Macht hat, plötzlich von einem Mönch Besitz zu ergreifen und selbst tiefsinnige Momente wie Gebet, Liturgie oder Trauer zu entweihen. Denn Lachen entzieht sich bewusster Kontrolle. Eine Ausnahme von dieser lachfeindlichen Tendenz im Mönchtum bilden die so genannten *Joca monachorum*, eine Sammlung von Wissensfragen, lachenerregender Rätsel auch mit biblischem Hintergrund, die auf das 8. Jahrhundert zurückgehen und den Mönchen nur während der Pause *(recreatio)* zu lesen erlaubt waren. Dies ist jedoch eine Ausnahme, denn die vorherrschende Regel im Laufe der Jahrhunderte bis zum Mittelalter ist diejenige, die Umberto Eco in *Der Name der Rose* so gut beschreibt. Bekanntlich spielt der Roman um 1300 in einem Benediktinerkloster und dreht sich genau um den legendären zweiten Teil der *Poetik* des Aristoteles, der sich mit der Komödie und dem Vergnügen des Lachens befasst haben soll. Der blinde Bibliothekar Jorge von Burgos setzt alles daran, dieses Buch zu verstecken, denn – wie er am Ende des Romans zugibt – ist „das Lachen ... die Schwäche, die Hinfälligkeit und Verderbtheit unseres Fleisches. Es ist die Kurzweil des Bauern, die Ausschweifung des Betrunkenen, auch die Kirche in ihrer Weisheit hat den Moment des Festes gestattet, den Karneval und die Jahrmarktsbelustigung, jene zeitlich begrenzte Verunreinigung zur Abfuhr der schlechten Säfte und zur Ablenkung von anderen Begierden, anderem Trachten ... Aber so bleibt das Lachen etwas Niedriges und Gemeines, ein Schutz für das einfache Volk, ein entweihtes Mysterium für die Plebs."[6]

Parallel zu dieser humorlosen Tradition lässt sich im Christentum gleichwohl eine andere finden, die zwischen beklagenswertem und erlaubtem Lachen zu unterscheiden weiß. Die Wüstenväter sind ein deutliches Beispiel dafür. Aber, so fragen wir, mit wem kann denn ein Stylit, der sich auf einer Säule oder einem Turm befindet, oder ein Dendrit, der sich auf einen Baum zurückzieht, schon lachen? Zunächst mit sich selbst, indem er sich nicht zu ernst nimmt. Und mit ihm kann über die Teufel, die Meister des Komischen, gelacht werden. Denn sie führen oft bizarre Inszenierungen auf, um den Anachoret vom Gebet abzulenken und in Versuchung zu führen. Im Leben des heiligen Pachomius wird etwa von folgendem Angriff der Dämonen erzählt: „Sie versammelten sich gemeinsam und taten, als ob sie vor ihm ein Baumblatt mit aller Kraft ziehen wollten. Sie brachten dicke Seile und banden es, erzählt er, mit aller Behutsamkeit daran fest. Sie standen dann auf beiden Seiten und riefen einander zu, das Blatt zu ziehen, als ob es ein riesengroßer Stein sei. Dies taten sie, weil sie meinten, das Herz des Heiligen zum Lachen verführen zu können, damit sie gegen ihn, wenn auch nur in dieser geringfügigen Sache, prahlen könnten."[7] Die Wüstenväter verstehen, dass ein ausgezeich-

[6] U. Eco, *Der Name der Rose,* aus dem Italienischen von Burkhart Kroeber, München – Wien 1982, Carl Hanser Verlag, 601 f.

[7] *Leben des heiligen Pachomius,* Kap. 7, Vers. 23–28. Patrologia latina, 73,

netes Gegenmittel gegen solche Dämonen gerade die Selbstironie ist. „Ich bin Gabriel und wurde zu dir gesandt", sagt der Teufel zu Makarius, und er antwortete: „Du wurdest wohl zu einem anderen gesandt, denn ich bin nicht würdig". Und sogleich verschwand der Teufel, verwirrt. Es mangelt jedoch ebenso nicht an Fällen, in denen der betende Geistliche angesichts der improvisierten Possen der schurkischen Teufel der Versuchung erliegt.

Ein weiteres bemerkenswertes Beispiel ist der so genannte *risus paschalis,* der den Brauch des Priesters in seiner Osterpredigt bezeichnet, in den Herzen der Gläubigen als Zeichen der Osterfreude Heiterkeit zu erwecken. Das erste Zeugnis dafür ist eine Predigt des heiligen Zenon, Bischof von Verona (300–371), die die lateinische Komposition *Coena Cypriani* inspirierte, die zwischen dem 5. und 8. Jahrhundert entstand und ironischerweise dem heiligen Cyprian (gestorben 256) zugeschrieben wird. Sie erzählt von einem üppigen Festmahl, das König Joel in Kana in Galiläa gab. Bei den Gästen handelt es sich meist um Gestalten aus dem Alten und Neuen Testament. Die *Coena Cypriani* stellte eine Inspirationsquelle für die spätere Praxis des *risus paschalis* dar. Im Laufe des Mittelalters nahm dieser Brauch oft sogar exzessive Züge: Man berichtet von Priestern, die, nur um Gelächter bei der Predigt hervorzurufen, Schinken oder Weinflaschen unter den heiligen Gewändern hervorholten. Nicht selten mussten die Diözesanbischöfe eingreifen, um

---

240, dt. Übersetzung: Athanasius, Ausgewählte Schriften Band 2. Aus dem Griechischen übersetzt von Hans Mertel (Bibliothek der Kirchenväter, 1. Reihe, Band 31), München 1917.

diese lustigen Exzesse zu disziplinieren, gegen die selbst Dante Alighieri wütete.[8]

Neben den Wüstenvätern und dem *risus paschalis* spielte der Humor auch im Bereich der spirituellen Erfahrung eine wichtige Rolle, denn dieser galt als Ausdruck der christlichen Freude einerseits und weisheitlicher Selbstdistanzierung andererseits: Franz von Assisi († 1230), *joculatores Domini*, empfahl seinen Anhängern, auch in der Not immer ein lächelndes Gesicht *(vultus hilaris)* zu haben. Ebenso ist Teresa von Ávila (1515–1582) zu großer Ironie fähig. Zwei Schwestern vertrauten ihr eines Tages an, dass sie sterben würden (!), wenn sie nicht täglich und frühmorgens das eucharistische Brot empfingen: „Ich begann, mit den Schwestern zu sprechen und ihnen viele Gründe darzulegen, die meines Erachtens ausreichten, um sie einsehen zu lassen, dass es sich beim Gedanken, ohne dieses Hilfsmittel zu sterben, um Einbildung handelte. Sie waren aber so sehr darauf fixiert, dass nichts ausreichte noch ausreichen würde, um sie mit Vernunftgründen so weit zu bringen. Da sah ich ein, dass alles vergeblich war, und so sagte ich ihnen, dass auch ich jene Wünsche hätte, aber auf den Kommunionempfang verzichten würde, damit sie zur Überzeugung kämen, dass sie diese nur empfangen sollten, wenn es alle tun; dann würden wir eben alle drei sterben!“[9]

Als großer Meister des geistlichen Lebens wusste auch Franz von Sales (1567–1622), dass die Traurigkeit am meisten vom Teufel herkommt: „Der böse Feind hat Freude an

---

[8] Dante, *Paradies*, XXIX, 103–117.

[9] Teresa von Ávila, *Das Buch der Gründungen.* Vollständige Neuübertragung. Gesammelte Werke Band 5, hrsg., eingeleitet und übers. von Ulrich Dobhan OCD – Elisabeth Peeters OCD, Herder, Freiburg – Basel – Wien 2007, VI,11, 153.

unserer Traurigkeit und Schwermut, weil er selbst traurig und schwermütig ist und es ewig bleiben wird. Deshalb will er, dass ihm darin alle gleichen."[10] Deshalb lädt er Philothea ein, sich nur dann über ihre Traurigkeit zu freuen, wenn diese gottgefällig ist, das heißt, wenn sie die Reue über das begangene Übel ausdrückt. In allen anderen Fällen ist die Traurigkeit meistens nutzlos. Weitere Zeugen dieses *sense of humor* sind Thérèse von Lisieux, Philipp Neri oder Thomas Morus, der Gott folgendermaßen anfleht: „Herr, schenke mir Sinn für Humor".

Auf welche Weise Humor und Glaube ineinandergreifen, haben uns diese Gestalten bekundet, die das christliche Leben gänzlich anders als mit einer gerunzelten Stirn interpretiert haben. In ihren Fußstapfen werden wir nun ermutigt, das Band zwischen Humor und Christentum einen Schritt weiter zu vertiefen. Zunächst muss, wenn auch in aller Kürze, geklärt werden, was Humor ist und was ihn von der Ironie unterscheidet. Beide Konzepte haben einen entfernten Verwandten, von dem sie sich distanzieren: das Komische. Dieses wird von Luigi Pirandello (1867–1936) als die bloße „Wahrnehmung des Gegenteiligen" *(percezione del contrario)*, das heißt des Kontrastes zwischen Schein und Sein bezeichnet. In seiner Theorie des literarischen *Umorismo* (1908) bringt Pirandello den fiktiven Fall einer angesehen alten Dame, die mit fettigen gefärbten Haaren und ganz unbeholfen in jugendlicher Kleidung erscheint. „Ich lache. Ich spüre, dass diese alte Dame das Gegenteil dessen ist, was eine respektable alte Dame sein sollte. Ich kann also auf den ersten Blick und oberflächlich betrachtet bei diesem komischen

---

10 Franz von Sales, *Philothea*, VI, 12, dt. Übersetzung nach Reisinger, Franz, Eichstätt 2005.

Eindruck stehen bleiben. Das Komische ist genau eine Wahrnehmung des Gegenteiligen. Wenn ich aber darüber nachdenke, dass diese alte Dame vielleicht gar keine Freude daran hat, sich wie ein Papagei zu präsentieren, sondern dass sie vielleicht darunter leidet und dies nur tut, weil sie – sich selbst betrügend – denkt, indem sie sich auf diese Weise präsentiert und ihre Falten und Verbissenheit versteckt, sie könne die Liebe ihres viel jüngeren Mannes an sich festhalten, dann kann ich nicht mehr darüber lachen wie zuvor, denn die Reflexion, die in mir wirkt, hat mich dazu gebracht, über diese erste Wahrnehmung hinaus, oder besser gesagt, tiefer zu gehen: Von dieser ersten Wahrnehmung des Gegenteiligen hat sie mich zu diesem „Gefühl des Gegenteiligen“ *(sentimento del contrario)* geführt. Darin liegt der Unterschied zwischen dem Komischen (als „Wahrnehmung des Gegenteiligen“) und dem Humoristischen (als „Gefühl des Gegenteiligen“).“[11] Wenn bei dem ersten kein Mitgefühl für die existenzielle Hintergrundsituation eines zum Lachen anregenden Verhaltens gegeben ist, erweist sich das Humoristische *(Umorismo)* – das wir vielleicht im Deutschen mit „Tragikomik“ bezeichnen können – als eine besondere Art von *Pietas,* von nachdenklich geneigtem Humor. Im Humoristischen wird eine Inkongruenz oder Ungereimtheit, die sich oft in der Mehrdeutigkeit der Sprache widerspiegelt, mit einer willkommenen Distanz, einem leicht kritischen, aber mitfühlendem Einverständnis wahr- und angenommen. Wer Humor hat, weiß, wie man in den semantischen Abstand zwischen den Unstimmigkeiten ein-

[11] L. PIRANDELLO, *L'umorismo,* in DERS., *Saggi, poesie e scritti vari. Opere di Luigi Pirandello,* VI, a cura di Manlio Lo Vecchio-Musti, Mondadori, Milano 1973, 127. Eigene Übersetzung.

dringt, um mit einer interpretativen Pirouette die Perspektive umzukehren. Die komisch-paradoxe Pointe dient nicht der Bloßstellung einer Person oder Situation, sondern wird zum Mittel, um auf eine Widersprüchlichkeit, auf ein objektives Manko hinzuweisen, sei es eines Sachverhaltes, einer Rolle, einer Erfahrung. Diese oft paradoxal gefärbte Interpretationskunst, die aufgrund des Kontrastes von Sein und Schein auch ein Lächeln hervorruft, führt nicht zu einem kognitiven Blackout, sondern zum Nachdenken, zur überraschenden Erhellung der anvisierten Zielscheibe. Das ist der Grund, weshalb der humorvolle Witz – wie die jüdische Tradition und die eben genannten christlichen Gestalten bezeugen – einen befreienden, kathartischen, aber auch kritischen, antiideologischen Charakter hat. Genau in diesem Punkt zeigt sich die große „Wahlverwandtschaft" von Humor und religiöser Lebenskunst.

Gewiss sollte der religiöse Mensch mehr als jeder andere einen *sense of humor* beweisen, wenn ihm der Glaube tatsächlich die in sich verschlossene Endlichkeit geöffnet hat, damit er nicht an Perfektionismus, an der Überfrachtung der Welt mit ihren Erwartungen und Erfüllungszwängen erstickt. Nichts und niemanden in dieser Welt mag der religiöse Mensch verabsolutieren, nicht einmal sich selbst. Deshalb versteht er sich immer zugleich als Gast und Gastgeber auf der Erde und lebt mit der fröhlichen Diskretion des ersten und der mitfühlenden Großzügigkeit des zweiten. Ein Satz, der Buber zugeschrieben wird, bringt genau diesen Aspekt auf den Punkt: „Wenn ein Mensch nur Glauben hat, steht er in Gefahr, bigott zu werden. Hat er nur Humor, läuft er Gefahr, zynisch zu werden. Besitzt er aber Glaube und Humor, dann findet er das richtige Gleichgewicht, mit dem er das Leben bestehen kann".

Dass es nichts Ernsteres als den Humor gibt, zeigt nun gerade die Ironie. Diese wird hier nämlich nicht als Sarkasmus oder als Spott verstanden, sondern in ihrem ursprünglichen Sinne als Verstellung, ein Begriff, mit dem ja bereits die antike Rhetorik die Ironie charakterisierte: „Der Redende weiß mehr als er sagt, bzw. sein Wissen weicht von seinen Äußerungen ab, aber so, dass der Zuhörer oder Leser diese Diskrepanz ahnt oder gar durchschaut."[12] Die Ironie ist das intellektuelle Moment des Humors als ein Lächeln der Vernunft. Sie liegt vor, wenn unter den tatsächlichen Wortbedeutungen etwas anders, meistens das Gegenteilige gemeint wird. Im Unterschied dazu erweist sich das Paradoxon radikaler, da hier der gemeinte Sinn dezidiert der tatsächlichen Wortbedeutung widerspricht. Bei näherer Betrachtung ahnt doch der Empfänger dabei, dass inmitten elliptischer Spannungen das Scheinen (δόξα/doxa) vieldeutiger und vielschichtiger sein kann als es zunächst angenommen werden konnte. Und es ist gerade das Christentum, das von einem solchen Paradoxon lebt und zur herrlichen Ironie befähigt. Paradoxal ist selbst die Tatsache, dass das Wort δόξα, das bei Homer, Hesiod und in der gesamten griechischen Philosophie einen unsicheren erkenntnistheoretischen Wert hatte *(Meinung)*, gerade im Johannesevangelium zur *gloria* wird, zur Offenbarungsherrlichkeit Gottes (δόξα/δοξάζειν). Deshalb kann Paulus von Tarsus behaupten: „Das Törichte in der Welt hat Gott erwählt, um die Weisen zuschanden zu machen, und das Schwache in der Welt hat Gott erwählt, um das Starke zuschanden zu machen. Und das Niedrige in der Welt und das Verachtete

---

12 G. Ueding, *Einführung in die Rhetorik. Geschichte – Technik – Methode*, Metzler, Stuttgart 1976, 261.

hat Gott erwählt: das, was nichts ist, um das, was etwas ist, zu vernichten“ (1 Kor 1,27 f.). In der Schwäche liegt die wirkende Kraft Gottes. Diese Paradoxie der δόξα Gottes hat eine rational verantwortete ironische Dialektik hervorgerufen, die die gesamte „Ortho-doxia“ und die Denkformen der christlichen Dogmen prägt. Denn die Simultaneität der Gegensätze, die Untrennbarkeit des Verschiedenen, der Übergang ins Andere, die gegenläufige und umgekehrte Perspektive, die Verschiebung der Ebenen und die Verschmelzung der Horizonte bestimmen die polar-ironische Denkform der christlichen Mysterien. So prägt diese konstante Spannung das Geheimnis des Drei-einigen Gottes, der Gnadenlehre (*pecca fortiter, sed fortius fide* – Sündige tapfer, aber tapferer glaube!), der Sakramentenlehre (das Ganze im Fragment), der Kirche (die schon die Kirchenväter als „heilige Hure“ bezeichneten), der Christologie (wahrer Gott und wahrer Mensch), der Eschatologie des „Schon jetzt und noch nicht“. Darum könnte man in Anlehnung an den berühmten ekklesiologischen Satz von Cyprian – und natürlich nicht ohne Humor – behaupten: *extra ironiam nulla salus.*[13] Ohne ironischen Austausch kann es keine Erlösung geben – und Erlösung ist wohl keine Lösung der menschlichen Probleme und Leiden, sondern stellt diese in ein anderes Licht. All das mag paradox erscheinen, aber gerade diese perspektivischen Sprünge, diese Hebung und Weitung der Sinnmöglichkeiten und der Freiheitsspielräume sind die größte Leistung der christlichen Religion. So ist es kein Zufall, wenn Cicero in den *Paradoxa stoicorum* (I,4) das griechische Wort „paradoxa“ mit „mirabilia“ (Wunderdinge) übersetzt und Augus-

---

13 Ich verdanke diese (Um)-Formulierung dem Exegeten Roberto Vignolo.

tinus diesen Begriff bewusst aufgreift und ihn formal mit antithetischen Begriffspaaren zum Ausdruck bringt:

> „Mein Gott, was bist du also? ... Barmherzigster und doch Gerechtester, Verborgenster und doch Allgegenwärtiger, [...] feststehend und doch nicht zu fassen, unwandelbar und doch alles wandelnd, nie neu, nie alt, der du alles erneuerst, die Stolzen aber gibst du anheim der Vergänglichkeit, ohne daß sie es fassen; immer wirkend, immer ruhig, sammelnd und doch nie bedürfend, tragend, erfüllend und schützend, schaffend, ernährend und vollendend, suchend, da doch nichts dir ermangelt. Du liebst, doch ohne Leidenschaft, du eiferst, doch mit ruhiger Milde, deine Rede ist schmerzlos, du zürnst und bist doch ruhig, wandelbar sind deine Werke, unwandelbar dein Ratschluß, du nimmst auf, was du findest, und hast es doch niemals verloren, [...] wie redet einer, wenn er redet von dir? Wehe denen, die von dir schweigen, denn auch die Stummen werden dich bekennen".[14]

In gewisser Hinsicht haben die ersten dogmatischen Konzilien der alten Kirche – auf seriöse Weise – versucht, dieser „ironischen" Qualität der Mysterien gerecht zu werden. Das wird ersichtlich, wenn man die Atemweite der Polarität betont – die für die Ironie ja wesentlich ist – die allen großen dogmatischen Formeln zugrunde liegt. Im Unterschied zu den frühchristlichen Häresien, die ja immer eine scheinbar plausiblere, dem Menschen nähere und einseitigere Lesart der theologischen Fragestellung waren, kommt der Orthodoxie ein Mehrwert zu, weil sie an das Ferne, Schwierige,

---

[14] Augustinus von Hippo, *Bekenntnisse*, I, 4,4, dt. Übersetzung nach Lachmann, Otto, Wiesbaden 2011.

nicht Selbstverständliche des Christentums erinnerte und auch die jeweiligen Reduktionismen im Raum der lehramtlichen Formulierung inklusivistisch aufzuheben und zu erhellen vermochte. Die Formel dafür findet sich im Bekenntnis von Chalcedon: Wie verhalten sich göttliche und menschliche Natur in der Person Christi zueinander? Es heißt: *unvermischt, unverändert, ungeteilt und ungetrennt.* Das Große der Formel liegt in ihrer Offenheit: Es handelt sich um vier negative Adverbien, die einen Raum lebendig-gegenseitiger Gemeinschaft und Durchdringung der beiden Naturen erschließen und somit das Wesen Christi nur umkreisen und indirekt als doppelte Erschlossenheit zu Gott und den Menschen hin bestimmen. Dasselbe gilt für das Wesen des dreieinigen Gottes: Er ist die Freude und der Austausch einer vollkommenen Gabe zwischen den drei „inkommensurablen Perspektiven", die eins sind. Deshalb muss eine angemessene Trinitätslehre zugleich von der Einheit des göttlichen Wesens und der ebenso großen Verschiedenheit der drei „personalen Perspektiven" ausgehen. Und sofern die Theologie diese eigenartige „ironische" Denkform des Dogmas nicht aus dem Auge verliert, sondern sogar ihre unerschöpfliche Bedeutung zeigt, bleibt sie lebendig, setzt das Denken frei und wird nicht zur Ideologie.

Bisher haben wir es gewagt, die gewisse ironische Qualität des Mysteriums ans Licht zu bringen. Nach all dem Gesagten bleibt unsere allerwichtigste Frage, ob Jesus tatsächlich einen Sinn für Humor hatte oder ob er niemals gelacht hat. Laut Gilbert Keith Chesterton, der doch instinktiv einen ausgeprägten Sinn für Humor hatte, ist die Antwort ein klares Nein. Das Fazit seines Buches *Orthodoxie. Eine Handreichung für die Ungläubigen* lässt daran keinen Zweifel:

„Und nun schlage ich zum Anschluss dieser wirren Seiten noch einmal das eigenartige Büchlein auf, von dem alles Christentum ausging; und noch einmal erlebe ich so etwas wie eine Bestätigung. Die gewaltige Persönlichkeit, von der die Evangelien erzählten, steht auch in diesem Punkt turmhoch über allen Denkern, die sich je für groß gehalten haben. Sein Pathos war etwas Natürliches, fast Beiläufiges. Die Stoiker der Antike und der Moderne waren stolz darauf, ihre Tränen zu verbergen. Er aber verbarg Seine Tränen nie; er zeigte sie unverhohlen auf Seinem offenen Antlitz, auch bei den geringsten Anlässen, etwa wenn Er aus der Ferne Seine Geburtsstadt sah. Dennoch verbarg Er etwas. Aufgeblasene Übermenschen und kaiserliche Diplomaten sind stolz darauf, ihren Zorn zu bändigen. Er bändigte Seinen Zorn nie. Er schleuderte Tische von den Stufen des Tempels herab und fragte Menschen, wie sie darauf kämen, dass sie der Höllenverdammnis entgehen könnten. Dennoch hielt Er etwas zurück. Ich sage es mit der gebotenen Ehrfurcht: Diese alles ins Wanken bringende Persönlichkeit besaß einen Wesenszug, den man nur als Scheu bezeichnen kann. Das war etwas, das Er vor allen Menschen verbarg, wenn er auf einen Berg stieg und betete. Das war etwas, das Er immer wieder unter abruptem Schweigen oder plötzlicher Absonderung von den anderen versteckte. Das war etwas, dass Gott zu groß fand, um es uns zu zeigen, als Er auf unserer Erde wandelte. Und manchmal denke ich: Es war Seine [Fröhlichkeit] *(mirth)*."[15]

---

15 G. K. Chesterton, *Orthodoxie. Eine Handreichung für die Ungläubigen*, aus dem Englischen neu übersetzt von Monika Noll und Ulrich Enderwitz, Eichborn Verlag, Frankfurt am Main 2000, 295 f.

Zum Wesen Gottes mag die Fröhlichkeit gehören, doch – in den Fußstapfen einer sehr alten theologischen Tendenz, die die menschlichen Ausdrücke Christi aufgrund seiner Göttlichkeit minimierte – wäre nach Chesterton für die sterblichen Augen seiner Jünger die Anschauung des lächelnden Antlitzes Christi unerträglich gewesen. Eine gänzlich andere Vorstellung wird hingegen von einigen apokryphen und gnostischen Evangelien vertreten. Im Pseudo-Matthäus-Evangelium „lächelte" der kleine Jesus „mit heiterem Gesicht" über die Reaktion von Rabbi Levi, der über seine Weisheit staunte.[16] Und wie verhalten sich diesbezüglich die vier kanonischen Evangelien? Es ist wohl wahr, wie Chesterton bemerkt, dass sie zu der Frage schweigen, ob Jesus jemals gelacht hat, doch vielleicht ist dieses Schweigen gar nicht so still, wie es zunächst scheint. Wäre es tatsächlich vorstellbar, dass derjenige, der die frohe Botschaft verkündet, dies mit einem mürrischen oder ernsten Gesicht tut? Ist nicht vielleicht ein subtiler allgegenwärtiger Humor in der Rede Jesu, wie etwa in der Bergpredigt, wenn er sagt: „Selig die Weinenden, selig die Trauernden; sie werden getröstet werden und lachen" (Lk 6,21; Mt 5,5.)? Hat nicht vielleicht sogar die Art und Weise, wie er mit den Pharisäern und den Schriftgelehrten diskutiert, auf die Stumpfheit der Apostel und des Petrus reagiert oder seiner Mutter antwortet, einen ironischen Beigeschmack? Mit welcher anderen Bewegung der Lippen, wenn nicht mit der eines leichten Humors, könnte man Sätze wie diese lesen: „Du bist der Lehrer Israels und verstehst das nicht?" (Joh 3,10–11); „Viele gute Werke habe ich ... getan. Für welches dieser Werke

16 Pseudo-Matthäus-Evangelium, 31,4, in *Apocrifi del Nuovo Testamento*, a cura di Luigi Moraldi, Vol. 1: Vangeli, UTET, Torino 1971, 231.

wollt ihr mich steinigen?“ (Joh 10,32); „Du willst für mich dein Leben hingeben?“ (Joh 13,38); „Denn leichter geht ein Kamel durch ein Nadelöhr …“ (Lk 18,25). Und als Petrus, vom Wind gepeitscht, unterzugehen droht, ruft der Herr: „Du Kleingläubiger, warum hast du gezweifelt?“ (14,31). Was ist ferner von der Umkehrung der Werte zu halten, die viele seiner Gleichnisse leitet, wie zum Beispiel das von den Arbeitern im Weinberg (Mt 20,1–16), wobei die Arbeiter der letzten Stunde als erste und vor allen anderen (!) eine Entlohnung bekommen, die derjenigen für die Arbeiter entspricht, die seit dem Morgengrauen gearbeitet haben. Oder nennen wir die Umkehrung von Werten, wie Maria in *Magnificat* singt: „er stürzt die Mächtigen vom Thron und erhöht die Niedrigen; die Hungernden beschenkt er mit seinen Gaben und lässt die Reichen leer ausgehen“ (Lk 1,52 f.). Der Humor Jesu – wie Klaus Berger betont – „gehört zu den Dingen, mit denen er Banalität vermeidet und zugleich überfordert. Denn Jesus sagt nie dazu, ob er übertreibt oder radikal ist, ob er im Ernst ängstigen will oder sich als Rettungsschwimmer versteht. Soll man sich im Zweifelsfall ein Auge ausreißen, bevor man sich stark interessiert ein Mädchen anschaut? Welchen Wert hat bei Jesus der Appeal an Katastrophen? Vielleicht so: Jesus löst die falschen Ängste auf, um zu den wahren Ängsten zu mahnen (Mt 10,28), damit man sich dem Rettungsschwimmer anvertraut und dann befreit lachen kann“.[17] Gerade weil Jesus wahrer Gott und wahrer Mensch war, hat er – der ja auch bitterlich weinte – ebenso herzhaft gelacht. Und wenn er lachte, ist der Humor keineswegs als eine Frucht der Sünde zu deuten,

---

[17] K. Berger, *Ein Kamel durchs Nadelöhr? Der Humor Jesu*, Herder, Freiburg – Basel – Wien 2019, 17.

sondern umgekehrt als eine wahre Gnade, als Gegenmittel zur als Verschlossenheit, Einseitigkeit und Schwermut wirkenden Sünde, denn „alle Freuden stammen aus dem Paradies, auch der Scherz, wenn er in wahrer Freude gesprochen wird“[18] – wie Rabbi Pinchas von Korez behauptet.

Wenn wir es schließlich wagen würden, noch höher aufzusteigen und uns zu fragen, ob der dreieinige Gott lacht, würde der Diskurs schwindelerregender werden. Hier kommt uns Dante Alighieri (1265–1321) zu Hilfe, der ein großes Zeugnis für eine „Theologie des Lächelns“ geliefert hat. Nach seiner langen visionären Wanderung durch die Hölle und das Fegefeuer erreicht der Dichter am Ende den Empyrean, den höchsten Punkt des Paradieses. Auf die Fürsprache des heiligen Bernhard hin willigt die Jungfrau Maria ein, dass er das höchste Geheimnis des einen, dreifaltigen Gottes erblicken kann. Und in der Mitte, im mystischen Herzen der Dreifaltigkeit, ahnt Dante das Lächeln als das lebendige Wesen Gottes, das „die Sonne wie die Sterne [...] kreisen macht“:

> Ich sah in dieses hohen Lichtes tiefer
> Und heller Wesenheit drei Kreise schimmern,
> An Farbe dreifach, doch nur eines Umfangs.
>
> Der zweite schien ein Spiegelbild des ersten,
> Wie eine Iris von der andren; Feuer,
> Gleich ausgestrahlt von beiden, schien der dritte.

---

[18] M. Buber, *Die Erzählungen der Chassidim*, Manesse Verlag, 2014, 406.

Wie dürftig ist die Sprache doch für meinen
Gedanken, und er selbst, mit dem verglichen,
Was ich geschau't, wie ist er mehr als winzig.

O ew'ges Licht, das du in dir nur ruhest,
Allein dich selbst erkennst, und dich, erkannt
Sowie erkennend, liebest und *dir lächelst!*[19]

[19] Dante Alighieri, *Paradies*, XXXIII 115 f., in *Die Göttliche Komödie*, übersetzt von Karl Witte mit einer Einleitung von Max von Boehn, Askanischer Verlag, Berlin 1916; Edition Holzinger Verlag, Berlin 2016, 304.

6.

Ein musikalisch gestimmter Gott

„Some say love's a little boy,
And some say it's a bird,
Some say it makes the world go round,
And some say that's absurd […]
O tell me the truth about love"
WYSTAN HUGH AUDEN[1]

Es ist kein Zufall, wenn die Alten in Bezug auf das Göttliche von einer „Sphärenmusik" sprechen, wenn Augustinus in *De Trinitate* IV, 2,4 die Metapher der Harmonie wiederaufnimmt und in *De musica* den ternären Rhythmus als den vollkommenen anpreist, oder wenn die Tradition sich das himmlische Paradies in einer musikalischen Atmosphäre vorstellt, bevölkert von Engelchören. Denn Dogmatik wie Musik leben von einem Akkord, einer Übereinstimmung von Inspiration des Komponisten, Regelmaß der Partitur, Werktreue und persönlichem Einsatz des Interpreten und dem einmaligen Ereignis der Aufführung. Als Analogie kommt mir der sich kreisend wiederholende Rhythmus eines Walzers von Johann Strauß (1825–1899) in den Sinn, gar sein funkelndes „perpetuum mobile" (Op. 257). Bei einem solchen hält das Thema stetig durch, ist also „perpetuum", aber dies in einem ständigen *crescendo,*

---

1 Vgl. W. H. AUDEN, *O Tell Me the Truth About Love,* Faber and Faber, London 1999.

einer Bewegung, die nach und nach alle Stimmen des Orchesters aufruft und einbezieht. Trotz der Unangemessenheit einer jeden Metapher möchte ich die Trinität als das bleibende *perpetuum mobile* der Theologie und des christlichen Lebens bezeichnen. Dementsprechend wäre der dreieinige Gott weder als intellektuell noch als sentimental, sondern als musikalisch-symphonisch gestimmter Gott zu sehen, als Experte für sanfte Bewegungen zwischen Tönen und Klangfarben, zwischen Korrespondenzen und Resonanzen, Einheit und Asymmetrien, zwischen Stille, Intervallen und der Verflechtung von Teilen. Eine entfernte Intuition dieses dreifachen Gleichklangs kommt uns im Unisono des gregorianischen Gesangs entgegen oder in der Harmonie, die in Bachs Chorälen schwingt, die sich durch die Messen von Mozart, Schubert und Beethoven zieht und die sich sanft und melancholisch aus Verdis *Requiem* erhebt. Wie aber lässt sich diese trinitarische Musik solmisieren? „Niemand hat Gott je gesehen. Der Einzige, der Gott ist und am Herzen des Vaters ruht, er hat Kunde gebracht" (Joh 1,18). Wenn die Theologie von der Trinität sprechen will, kommt ihr die Offenbarung zu Hilfe. Durch die geschichtliche Erfahrung Jesu von Nazareth, seine Beziehung zum Vater *(Abba)*, durch Wirken, Lehre, Tod und Auferstehung ist die christliche Gemeinschaft – geleitet vom Geist an Pfingsten – im Bewusstsein des trinitarischen Geheimnisses (Vater, Sohn, Heiliger Geist) gewachsen. Es ist Gott, der sich in der Person Jesu auf diese Weise zu erkennen gegeben hat. Aber es war für die Kirche der ersten Jahrhunderte nicht leicht, den Glauben an den dreieinigen Gott gegen den immer stärker werdenden Reduktionismus zu verteidigen und die Spannung zwischen Einheit und Differenz in Gott aufrechtzuerhalten, ohne dabei einerseits einer rein monadischen theologischen Interpretation (Monarchianismus) und andererseits einem Tritheismus (drei Götter) zu verfallen. Und je schwieriger die Verteidigung des trinitarischen Paradoxons ausfiel, desto mehr rühmten sich die Einwände mit dem Anspruch auf größere Plausibilität. Natürlich kann ich hier keinen ausführlichen Überblick über die verschiedenen theologischen Positionen in der alten Kirche geben. Ich beschränke mich darauf, an die beiden in der antiken theologischen Debatte vorherrschenden Reduktionismen zu erinnern, die als Subordinatianismus und Monarchianismus bezeichnet wurden. Die erste Konzeption umging die Schwierigkeit, sich einen einzigen und dreifaltigen Gott vorzustellen, indem sie argumentierte, dass Jesus Christus nicht wirklich Gott war. Er sei lediglich ein untergeordnetes Instrument, das Gott besonders nahestand. Auf diese Weise glaubten die Subordinationisten, die Einheit und Unveränderlichkeit des Absoluten zu verteidigen. Die Monarchianisten hingegen hielten es für angemessener, die christologische Offenbarung als Manifestation des einen Gottes zu betrachten, der sich etwa – wie bei den Modalisten – in verschiedenen Modi offenbarte. So nahm er einmal die Gestalt des Schöpfers und Vaters, ein anderes Mal die Gestalt Jesu und endlich die Gestalt des Geistes an. Die Geschichte wäre also die Bühne, auf der ein und derselbe Gott verschiedene Rollen spielte, damit das menschliche Bewusstsein trotz seiner Unzulänglichkeit etwas von dem vielgestaltigen göttlichen Reichtum wahrnehmen könnte. Das Trinitätsdogma hat versucht, die verschiedenen Reduktionismen zu überwinden, indem es den Grundrhythmus der Trinität zu präzisieren vermochte, den ich folgendermaßen zusammenfasse: Je eigener, einmaliger, unverwechselbarer die trinitarischen Personen sind, desto relationaler, empfänglicher und mitteilungsfreudiger sind sie; je einiger sie sind, desto mehr erscheint ihre gegenseitige Unterscheidung.

Die göttliche Natur als cantus firmus

In einem ersten Angang vertiefen wir jene Perspektive, der zufolge Gott Einer in drei Personen ist *(unitas in trinitate)*, und wir tun dies unter Rückgriff auf eine musikalische Metapher. In einer kontrapunktischen Komposition werden zu einem *cantus firmus* („fester Gesang“) eine oder mehrere neue Stimmen hinzugefügt. In der Polyphonie kann sich die Harmonie umso mehr entfalten, je mehr die an sich völlig autonomen melodischen Stimmen mit dem Thema *(cantus firmus)* verbunden sind. Auf das intratrinitarische Leben („immanente Trinitiät“) übertragen bildet den *cantus firmus* die eine göttliche Natur (beinahe wie ein Hintergrundklang eines Orgelpedals) als Einheitsprinzip, während die kontrapunktischen Stimmen Vater, Sohn, Geist wären. Zwischen den drei Personen und der einen göttlichen Natur gibt es nur einen logischen, aber keinen realen Unterschied („una essentia tres personae“). Wir können diese göttliche Natur als das „gemeinsame Bewusstsein, Gott zu sein“ übersetzen, das in seiner Gesamtheit von jeder Person geteilt wird und das es den Dreien erlaubt, sich zu unterscheiden (im Unterschied zu oben sind die drei Personen untereinander auch *real*, nicht nur *logisch* voneinander unterschieden!), ohne dadurch ihre Einheit zu verlieren – soweit, dass die drei göttlichen Personen nichts völlig Eigenes haben, außer in Bezug auf die Gemeinsamkeit mit den beiden anderen. Jede der drei Personen ist sich nämlich bewusst, Gott zu sein, und zwar genau in dem Maße, in dem sie in einzigartiger Weise mit jeder der beiden anderen Personen verbunden ist. So ist in Gott selbst die Asymmetrie zwischen Vater, Sohn und Geist kein Grund zum Konflikt, sondern zur differenzierten Einheit. Der Vater lebt seit jeher im Modus des Selbstverzichts, um für sich allein Gott zu sein, und bringt aus Freiheit den ihm wesensgleichen Sohn hervor – aus dem väterlichen Schoß entspringt der Sohn: „De patris utero, id est“ (DH 526) – weder durch einen bloßen Willensakt noch aus Notwendigkeit, sondern im Einklang mit seinem eigenen Wesen. Der Sohn, der selbst an demselben göttlichen Bewusstsein teilhat, lebt vom Vater her und in liebevoller Resonanz auf ihn hin. Die Wesensgleichheit zwischen Vater und Sohn bedeutet, dass es keinen Konflikt zwischen den beiden geben kann, ja, dass der Geist gerade aus ihrer gemeinsamen Harmonie (aus ihrem „apriorischen Wir“) hervorgeht. Die gemeinsame göttliche Natur als das „Bewusstsein, Gott zu sein“ ist also nicht etwas Statisches und Anonymes, sondern eine überfließende Bewegung der mitschöpferischen Liebe. Sie ist die Freude, das ewige Entstehen einer anderen Perspektive zu erleben, sozusagen die Freude am Sein und „Wachstum“ der anderen. Eine solche Art von Liebe darf nicht mit einer Geste von Großzügigkeit verwechselt werden, sondern es ist eher ein „Sich Freuen für das Sein, Wirken und Wachsen des anderen“: Wenn nun das „Sich Freuen“ eine Art Selbstbezug, das heißt ein „zu sich selbst Zurückkehren“ zum Ausdruck bringt, dann drückt der Grund dafür („das Wachstum des Anderen“) sehr wohl die überschwängliche Selbsthingabe der göttlichen Aktualität aus. Anders gesagt: Je mehr jede Person der Dreifaltigkeit die Sphäre der anderen „vergrößert“, desto mehr steigert sie ihre eigene Mit-Freude. Und gerade in dieser göttlichen Essenz ist die Möglichkeitsbedingung der Welt, der Menschwerdung und der Erlösung bereits enthalten. Jesus Christus lebt in seiner Geschichte jenes Verhältnis aus, das er als Gottessohn im Leben der Dreifaltigkeit darstellt, das Sein- und Leben-vom-Vater her. Und wenn der Mensch die väterliche Liebe missversteht und sich der Sünde zuwendet, entäußert sich der Sohn: Er wird Fleisch, um das wahre Gesicht des Vaters zu offenbaren und die Welt zu ihm zurückzuführen.

Auf dem Hochaltar der Dreifaltigkeitskirche in München (erbaut im 18. Jahrhundert als Ergebnis eines Gelübdes der Seherin Maria Anna Lindmayr) wird uns eine originelle Darstellung dessen geboten, was wir über das Geheimnis der einen göttlichen Natur in der Dreifaltigkeit der Personen zu beschreiben versuchen. Das von Andreas Wolff begonnene und 1717 von Johann Degler vollendete Gemälde zeichnet sich durch eine weibliche Figur aus, die sich unmittelbar über dem Geist in Gestalt einer Taube befindet, während der Vater und der Sohn etwas weiter unten zu sehen sind. Die Anmut der Frau (die göttliche Natur) leitet mit der öffnenden Geste ihrer Arme eine umfassende Drehbewegung ein, die gleichsam die Dreifaltigkeit der Personen umhüllt. Aus ihren Lippen – die die erste der Ecken des dreifaltigen Dreiecks markieren – weht ein fließendes Licht, in dem Vater, Sohn und Geist eingeschrieben sind. Der auferstandene Jesus zeigt mit einer Hand auf die von der Lanze durchbohrte Seite, während er mit der anderen weiterhin sein Kreuz umarmt. Er wendet seinen Blick nach unten, in Richtung Maria, seiner Mutter, die eine arme Frau (möglicherweise ebenfalls eine Mutter bzw. sinnbildlich die pilgernde Kirche) tröstet. Der Vater hingegen blickt in die Augen der Heiligen Jungfrau, immer noch verzaubert von der Schönheit eines solchen Blicks. Der Nacktheit seines Sohnes setzt er ein feierliches, goldenes Gewand entgegen. Sein Gesicht ist jugendlich, kaum von einem Bart berührt, sodass er fast wie ein älterer Bruder Jesu wirkt. Mit einem Arm umschließt er die Weltkugel, auf der noch immer das Weinen der Stammväter Adam und Eva und der Baum von Eden zu sehen sind, die in jeder Hinsicht einem Kreuz ähneln. Unter der Erdkugel verbirgt sich der Teufel, die uralte Schlange, die nun endgültig besiegt ist, aber immer noch Krieg mit der Menschheit führt. Eine solche bildliche Darstellung der Dreifaltigkeit ist nicht üblich, vor allem, weil die göttliche Natur in weiblicher Form vorkommt. Der Ausdruck der Frau ist schlicht und elegant zugleich. Die Zartheit ihres weißen Kleides, dünn und flatternd, erinnert an die sanfte Bewegung der Anmut. Der Hauch eines Lächelns auf ihren Lippen strahlt einen besonderen Zauber aus, verströmt er doch eine Atmosphäre von Naivität und Harmonie, eine Sensibilität, die sich selbst wohlgefällig ist und gerne am göttlichen Leben teilnimmt. In der Tat lösen sich ihre Augen von der Leinwand und blicken in unsere Augen, in die des Betrachters.

Mehrstimmiges Inter-esse

Wenn wir bisher die „unitas in trinitate“ betont haben, müssen wir nun die Perspektive umkehren und uns auf die „trinitas in unitate“ konzentrieren, das heißt auf den einen Gott in drei unermesslichen, persönlichen Perspektiven. Um die Beziehung zwischen den drei göttlichen Personen zu erhellen, nahm die alte Theologie zahlreiche Bilder und Metaphern aus der Erfahrungswelt: die einer sprudelnden Quelle, die einen Fluss erzeugt, der wiederum zu einem Kanal wird; die Wurzel eines Baumes mit seinem Stamm und seiner Frucht oder die Metapher der Sonne, des Lichtes und des Lichtstrahls. Augustinus von Hippo (354–430) hingegen ist der erste, der den Menschen im Licht des Trinitätsgeheimnisses interpretiert. Wenn der Mensch vom Schöpfer nach seinem Bild und Gleichnis (vgl. Gen 1,27) geschaffen wurde, dann muss sich in ihm das innertrinitarische Geheimnis widerspiegeln. In *De Trinitate* X, 11–12 identifiziert Augustinus daher drei konstitutive Dimensionen im Menschen: Gedächtnis, Einsicht und Wille, die jeweils dem Vater, Sohn und Geist entsprechen. Ausgehend von diesen Analogien beschreibt er die gegenseitigen, wenn auch asymmetrischen Relationen zwischen den drei menschlichen Vermögen und den intratrinitarischen Relationen und zeigt, wie sie konstitutiv aufeinander bezogen sind. Wie der Sohn dem Vater entspricht, so die Einsicht dem Gedächtnis, von dem sie herkommt, ohne sich jedoch jemals vollständig von diesem zu trennen. Dem Geist hingegen spricht Augustinus den Willen zu, der die Liebe erst ermöglicht und seinerseits Gedächtnis und Einsicht voraussetzt, von denen er auch ausgeht. Eine weitere schulbildende augustinische Unterscheidung in Bezug auf den Vater, den Sohn und den heiligen Geist ist die Trias des Liebenden, des Geliebten und der Liebe: „Siehe, wenn ich, der ich diese Fragen stelle, etwas liebe, dann sind es drei: Ich, das, was ich liebe, und die Liebe selbst. Ich liebe ja nicht die Liebe, ohne sie als eine liebende zu lieben. Denn es gibt keine Liebe, wo nichts geliebt wird. Drei sind es also: der Liebende, das Geliebte und die Liebe. Wie? Sollte es etwa anders sein, wenn ich nur mich selbst liebe? Sind es da nicht bloß zwei: das Geliebte und die Liebe? Denn der Liebende und das Geliebte sind ja ein und dasselbe, wenn man sich selbst liebt, wie lieben und geliebt werden in der gleichen Weise ein und dasselbe ist, wenn jemand sich liebt. [...]".[2] Diese Liebe-Trias wird von Augustinus im Laufe des Werkes allerdings nicht mehr aufgegriffen.

Erst ein Jahrhundert vor Thomas von Aquin wird Richard von Sankt Viktor (1110–1173) die trinitarische Analogie der Liebe wiederaufnehmen und weiterführen.[3] Ohne ein Gegenüber und somit ohne eine Differenz gebe es keine Liebe, so Richards Überzeugung. Denn es bestehe keine authentische Liebe, außer in einer Bewegung zum anderen und in einer Zustimmung, sich selbst vom anderen neu empfangen zu lassen. Was dagegen selbstbezogen und verschlossen ist, kann nicht als wahre Liebe bezeichnet werden. Derjenige, der liebt (der Vater), möchte seinerseits von demjenigen geliebt werden, den er seiner Liebe für würdig *(condignus)* hält (der Sohn). Selbst in Gott gibt es keine Liebe ohne Selbstbezug und ohne den „Impuls", vom anderen geliebt zu werden. Von da aus deutet Richard die ewige Zeugung des Sohnes, der mit dem Vater wesensgleich ist. Und der Geist? In der Liebe sei es ein Zeichen großer Schwäche, wenn man nicht zulässt, dass auch andere unseren Geliebten schätzen, und wenn man dem Geliebten nicht erlaubt, andere zu lieben. So ist der Heilige Geist der Mitgeliebte *(condilectus)* in dem wechselseitigen Sich-Geben und -Empfangen von Vater und Sohn und zugleich die Instanz, die die absolute Selbstlosigkeit der gegenseitigen Agape zwischen Vater und Sohn bezeugt, was die zwei irreduziblen Partner

---

2 Augustinus von Hippo, *De Trinitate,* Buch IX, 2, dt. Übersetzung nach Kreuzer, Johann, Hamburg 2001.

3 Vgl. Richard von Sankt-Victor, *Die Dreieinigkeit (De Trinitate),* übertragen und eingeleitet von Hans Urs von Balthasar, Johannes Verlag, Einsiedeln 2022.

eint und unterscheidet. Die Dreieinigkeit ist daher das Urbild aller Liebe.

Phänomenologische Fuge

Angenommen, die Kirche würde eines Tages sagen, dass Gott nicht mehr dreifaltig wäre: Was würde das in Ihrem Leben ändern? Einige von uns könnten in etwa so antworten: „Es ist mir gleichgültig, ob ich an einen einzigen Gott oder an einen dreieinigen Gott glaube. Konkret würde das nicht viel ändern!". Das Nachdenken über das Leben der Dreifaltigkeit wird uns hoffentlich helfen, unsere Meinung zu ändern, denn – wie uns Richard von Sankt Viktor gezeigt hat – würde eine göttliche Person mehr oder weniger die Harmonie der Dreifaltigkeit völlig verändern! Richard fragt in diesem Zusammenhang, warum es in Gott nur drei Personen geben kann und nicht weniger oder mehr? Bei näherer Betrachtung kennen die intratrinitarischen Bewegungen eine so vollendete Harmonie zwischen den möglichen Formen von Liebe, dass jede weitere Addition oder Subtraktion ihre Vollkommenheit beeinträchtigen würde: Der Vater ist die Quelle des Seins und der Liebe, er empfängt sie nicht (gebende Liebe). Der Sohn hingegen kommt vom Vater her, empfängt seine Liebe und gibt sie seinerseits weiter. Der Heilige Geist schließlich empfängt sie nur (empfangene Liebe). Die Person des Sohnes, die im Mittelpunkt steht, ist das Medium zwischen der vom Vater ausgehenden und der vom Geist empfangenen Liebe. Deshalb konnte auch nur die zweite Person der Dreifaltigkeit sich inkarnieren und als wahrer Gott und wahrer Mensch (ohne Trennung und ohne Verwechslung der beiden Naturen) der einzige Vermittler zwischen der Menschheit und dem Vater werden. Jede zusätzliche Person zu dieser trinitarischen Ökonomie des Sich-Gebens und -Empfangens würde Verwirrung stiften (weil jede der drei Personen ihre eigene besondere Liebesbeziehung ausmacht). Jede Person weniger in der Trinität würde dagegen eine Leerstelle oder Verzerrung erzeugen. Richards Meditation über die dreifaltige Liebe führt uns, auch wenn sie nicht denselben Ruhm wie etwa die Überlegungen von Augustinus und Thomas genießt, gleichermaßen in die Harmonie eines musikalischen Geheimnisses ein.

Es mussten einige Jahrhunderte vergehen, bis die Heilige Schrift mit entwaffnender Klarheit diese ebenso elementare wie brisante Wahrheit in einen ebenso einfachen wie komplexen Satz fasste: „Gott ist Liebe (ἀγάπη)“ (1 Joh 4,16). Eine Wahrheit, die im Übrigen explizit in kein Glaubensbekenntnis unmittelbaren Eingang fand – es sei denn durch lange Umschweife. Dabei ist es ein und dasselbe, „Gott“ zu sagen und „Liebe“ zu sagen. Der umgekehrte Fall ist jedoch nicht immer zutreffend. Nicht alle Liebe ist Gott! Das Leben, das im Herzen der Dreifaltigkeit pulsiert, könnte uns dementsprechend helfen, unsere Vorstellungen von der Liebe zu läutern.

Es gibt so viel Liebe ohne Wahrheit in dieser Welt. So viele Formen der Eroberung, der Erpressung, der „Freiheitsberaubung“ im Namen der Zuneigung, der falschen, klebrigen Freundschaft, der Unsicherheit, die mit den kräftigen Farben der Eifersucht verschönert oder durch einen rigiden Protektionismus getrübt wird. Liebe von besitzergreifenden Müttern, von aufdringlichen Freunden, Umarmungen von Partnern, die einen, anstatt willkommen zu heißen, festhalten und erdrücken. Es ist zu leicht, „Liebe“ zu sagen. Dabei scheinen Gefühle immer aus Licht und Schatten geflochten.

Die Mutterliebe zum Beispiel, die für eine patriarchalisch geprägte Mentalität als die reinste aller menschlichen Lieben gilt, verbirgt in sich eine Ambivalenz. Jeder Sohn ernährt sich zunächst von den Opfern seiner Mutter: von ihrem Schoß und ihren Brüsten, von ihrer Zeit und ihrem Schlaf, von ihrer jungen Freiheit und oft sogar von ihrer Karriere. Die Mutter gibt ihr ganzes Selbst an ihr Kind ab, als wäre es eine Erweiterung ihrer Körperlichkeit (wie es die Nabelschnur ist). Doch je mehr das Kind heranwächst, desto mehr muss sie erkennen, dass es auch ohne sie leben kann – doch etwas in ihr sträubt sich dagegen oder fragt nach einer Selbst-Überwindung. Diese Entfremdung zwischen Mutter und Kind muss vermutlich zu tausend Missverständnissen führen, die vor allem in der Pubertät zum Tragen kommen. Dennoch verlangt die Mutter von sich, ihrem Kind ihre ganze Zuneigung zu zeigen. Wie kommt es, dass das Kind das nicht versteht? Unter dem Deckmantel der mütterlichen Liebe kann – selbstverständlich oft ohne Hintergedanken – der instinktive Wunsch lauern, das Leben der anderen zu lenken, oder die heimliche Eifersucht auf eine Freiheit, für sich selbst zu denken, die Verärgerung über eine andere Sichtweise, vielleicht sogar das Bedürfnis nach einem „Ersatz" für einen nicht vorhandenen Ehemann oder der Durst nach „Entschädigung" für zwecklose Opfer und zerbrochene Träume. Es ist leider – von Medea bis heute – nicht ungewöhnlich, dass Mütter ihre Kinder auf ein „Erpressungsinstrument" gegen ihre Ehemänner reduzieren, sodass die Tötung des eigenen Kindes als letzter Racheakt eine Quelle des Leids für einen weit entfernten Ehepartner darstellt. Dabei denken wir gewiss an die extreme Tragödie von Euripides Medea. Natürlich mag eine warmherzige Rhetorik eine solche Lesart übertrieben erscheinen lassen. Und doch entbindet uns dieser Aspekt nicht von unserer persönlichen Verpflichtung, mit Einfühlungsvermögen und Klarheit das verschleierte Gesicht unserer Seele und den untersten Grund unserer menschlichen Angelegenheiten zu erforschen. Und dazu gehören selbst die gemischten Empfindungen einer Mutter für ihr Kind. Auf diese Weise kann sogar der Heiligenschein, der traditionell die mütterliche Liebe umgibt, verschwinden, wenn man sie bei Licht betrachtet. Daher kann nicht jede Liebe als „göttlich" bezeichnet werden oder anders gesagt: Jede Liebe ist göttlich und diejenige, die es nicht ist, müsste man anders nennen. In der Dreifaltigkeit lässt der Vater, indem er seinen einzigen Sohn hervorbringt, das Auftauchen einer anderen Sichtweise zu, freut sich über eine andere, inkommensurable Perspektive, die ihm nicht feindlich gesinnt ist. Der Vater freut sich, dass der Sohn sich den anderen öffnet, sie lieben und von ihnen geliebt werden kann. Das Siegel dafür ist der Geist.

Wenn es stimmt, dass es viel Liebe ohne Wahrheit gibt, dann gibt es auch viel Wahrheit ohne Liebe. Dann wird sie zur ideologischen Verlautbarung, zur emotionalen Abstumpfung, zum Zynismus, zur Pflicht, zum ungesunden Anspruch, immer und um jeden Preis Recht zu haben. Sie wird zum erbarmungslosen Durchleuchten der Schwächen anderer, zum Vorurteil oder zur blinden und kompromisslosen Meinung. Jeder kann sich an Erfahrungen und Begegnungen mit eisigen, vernichtenden, lieblosen Wahrheiten erinnern, die in anderen das verurteilen, was sie in sich selbst nicht dulden. Daher kann nicht einmal jede angebliche Wahrheit als „göttlich" bezeichnet werden. Wenn nun die Wahrheit der Liebe Robustheit und Respekt verleiht, die Gemeinsamkeiten und die gesunde Distanz, die es zwischen mir und dem anderen gibt und geben muss, dann macht die

Liebe die Wahrheit kommunizierbar, überzeugend und wahrhaftig. Wahrheit und Liebe, so verstanden, öffnen uns über das Duale hinaus: zum Dritten, zur Welt, zur gemeinsamen Verantwortung, zur Freundschaft, zur Kultur und zur Gesellschaft und damit zu Gott, der der Garant und die Gnade allen gegenseitigen Verstehens und gelingender Liebe ist.

Der christliche Gott ist insofern trinitarisch, dass er dieses Wunder der Harmonie zwischen Wahrheit und Liebe, Einheit und Differenz, Nähe und Ferne, Beziehung und Einsamkeit, zwischen Erkennen des anderen (also aus der Sicht des Vaters, des Sohnes und des Geistes) und Erkennen seiner selbst durch den anderen ist. Dies schließt sogar das Erkennen und Erlauben ein, vom Menschen (falsch) erkannt zu werden. Jede trinitarische Person lebt für die andere, liebt es, den anderen Raum zu geben, und lässt so jene gegenseitige Distanz zu, die dann die Gemeinschaft zwischen den drei göttlichen Personen nährt. Wie viel können wir von dem trinitarischen Gott für unser Leben lernen. In diesem Licht können sogar die Dissonanzen dessen, was die Theologie „Sünde“ nennt, auf neue Weise gelesen werden.

Die Dissonanzen der Sünde

Wenn Gott die Konsonanz zwischen allen oben genannten Dimensionen der Liebe ist, wäre die Sünde „antitrinitarisch“, das heißt eine Verstellung der Rhythmen der trinitarischen Harmonie. Es würde genügen, einen der oben beschriebenen Pole zu überfrachten, um von der Liebe zur Sünde überzugehen: beispielsweise, wenn der Paternalismus über die Sohnschaft oder umgekehrt, die Autonomie über die Anerkennung einer Herkunft herrscht; wenn das Prinzip über die Beziehungen, die Verschiedenheit über die Einheit, die Trennung über die Resonanz, die Selbstliebe über die Liebe des anderen herrscht, dann geraten wir voll und ganz in die Intrigen der Sünde. Die Betrachtung der menschlichen Sündhaftigkeit als Fehlentwicklung der Liebe, als Umkehrung oder Distorsion der trinitarischen Verhältnisse könnte der Realität der Erbsünde – die gewöhnlich unter dem semantischen Deckmantel des Egoismus, der kalten Autonomie oder der Konkupiszenz steckt – einige anregende Betrachtungsweisen angedeihen lassen. Im Folgenden wird eine Galerie möglicher Darstellungen der Sünde holzschnittartig vorgestellt, die als Umkehrung und Unstimmigkeit der trinitarischen Resonanz verstanden werden.

Überheblichkeit. Dies ist die Haltung eines Menschen, der den Individualismus radikalisiert, der nicht anerkennt, dass er oder sie ein „Sohn" bzw. eine „Tochter" ist. Er versteht sich nach dem protologischen Mythos des *self-made-man*, der sich nichts vorausgehen lässt. Die Illusion, dass jeder Mensch als Individuum zu unendlicher Selbstverwirklichung fähig ist – was an sich schon fraglich ist, umso mehr, wenn man den Bezug zu den „Anderen" außer Acht lässt – hat zu einem Gefühl weit verbreiteter Unsicherheit geführt: Das Risiko ist zum Kennzeichen der zeitgenössischen Biografie und der Gesellschaft insgesamt geworden: „Risiko- oder Müdigkeitsgesellschaft", „liquide" oder „verflüssigte" Moderne, „flexibler Mensch" – das sind nur einige der bekanntesten Zauberworte, mit denen das heutigen Zusammenleben im Zeitalter der Beschleunigung beschrieben wurde. Der Erfolg dieser Kurzformeln liegt sicher auch daran, dass sie bildlich und konzise eine von vielen als überkomplex empfundene Gesellschaft darstellen und das mit einer Sprache, die jenseits des akademischen Jargons liegt. Das soziale Überich – die einzige heutzutage wirkende Ordnung neben der Justiz und der Medizin – setzt das reale Ich unter Druck, das sich im Labyrinth des Alles-Möglichen zu verlieren droht. Dauerhafter „Stress“ ist die Folge. Es ist das bereits von Simmel diagnostizierte „Nervenleben“. Der intellektuellen Ehrlichkeit zuliebe sollte man nicht verschweigen, dass in der Welt niemand „ohne Gepäck“ geboren wird – wie Paul Ricœur es ausdrückt. Zu lernen, sich als Kind zu erkennen, bedeutet, mit Gelassenheit zuzugeben, dass wir einen „Vater“ bzw. eine „Mutter“ haben, das heißt, dass wir in eine Tradition (familiär, kulturell, geschichtlich, religiös) eingetaucht sind, die uns vorausgeht und mit der wir nur in einer gewissen Gemeinsamkeit (Geist) leben können. Dankbarkeit für die Vergangenheit bedeutet also nicht, dass man keine Zweifel oder Kritik äußern kann. Die eigene Selbstdefinition ergibt sich aus dem Eingeständnis und der Stellungnahme diesem „Vater“ gegenüber.

Langeweile. War die vorherige Haltung dadurch gekennzeichnet, dass man sich selbst nicht als „Sohn“ erkannte, so ist diese dadurch gekennzeichnet, dass man nicht der „Vater“ (oder die „Mutter“) seiner selbst sein will. Sie ist typisch für diejenigen, die sich der Verantwortung für sich selbst und andere entziehen, die Entscheidungen immer wieder aufschieben, die sich vor Problemen und Pflichten drücken oder sich hinter ihrer deklarierten Unfähigkeit verschanzen. Vater seiner selbst zu sein, bedeutet dagegen, sein Schicksal in die Hand zu nehmen, den Blick nach vorne zu richten und bereit zu sein, Zeit und Herzblut für ein Projekt einzusetzen. Die Langeweile ist eine graue undurchsichtige

Schwerkraft, die auf die Seele drückt und sie nach unten in die Bewegungsunfähigkeit stürzt. Man will keine Initiative ergreifen, sich dem Unbekannten nicht öffnen, nicht aus seinem Schneckenhaus herauskommen. Dies kann zur Depression führen: Nichts hat Bedeutung. In kleinen Schritten, vielleicht dank eines „Vaters“ und der Gemeinschaft mit anderen (Geist), kann man jedoch lernen, dieser Sackgasse zu entkommen und so Vater seiner selbst zu werden, selbst wenn man nie einen echten Vater hatte.

Hysterie. Man will weder Vater noch Sohn sein, sondern nur Geist, Wind. Die Hysterie ist typisch für einen Menschen, der immer in Bewegung ist, vernetzt, interaktiv, flexibel und bereit, zwischen Auswahlmöglichkeiten mit der Geschwindigkeit eines „Wischs“ zu wechseln, oft als immer erreichbare Athleten des „Job hopping“. Wir wagen, all das als Selbstbestimmung zu bezeichnen. So wie der Heilige Geist überall das Prinzip der Kommunikation ist, gibt das Internet dem Hysteriker den Anschein von Allgegenwärtigkeit und umgarnt ihn in der Vernetzung. Alles kann unendlich viel bedeuten, ermöglichen. Und doch ist der Hysteriker selbst nirgendwo zu finden. Wo auch immer er ist – seine Gedanken sind woanders, sodass sein Geist stets wegläuft, wenn er irgendwo hinkommt. Er verfügt über tausende virtueller Kontakte, doch ist er in Wahrheit nur schwer in der Lage, mit einem von ihnen eine wahrhaftige Freundschaft einzugehen. Die Euphorie der virtuellen Verhältnisse hat ihn an die Langsamkeit und Undurchsichtigkeit der realen Beziehungen verwöhnt. Wenn er in die Zukunft blickt, fühlt er sich gerne leicht wie der Wind, aber in Wirklichkeit ist er verwirrt vom Schwindel eines weiten, unendlichen Horizonts mit tausenden Perspektiven und gerade deshalb bleibt er perspektivlos. Dieser Möglichkeitsmensch will sich in keinem Lebensstand inkarnieren, nichts passt ihm, denn in Wahrheit ist er auf der Flucht vor sich selbst. Er legt Wert auf virtuelle Jobs, weil er die realen nicht ausstehen kann. Es ist nicht leicht, aus dieser fiktiven und virtuellen Welt herauszukommen, aber es ist immer noch möglich, sich zugleich als „Sohn“ und „Vater“ zu erkennen.

Idolatrie. Sie ist typisch für diejenigen, die – um es trinitarisch auszudrücken – weder Vater, noch Sohn, noch Geist sein wollen, sondern lieber die „Natur“ nachahmen. Diese hat jedoch keine trinitarischen Züge, sondern nimmt die holzige Gestalt eines Totems an, dem man sich opfern muss. Der Götzendiener ist in der Tat besessen von seinem winzigen hegemonialen „Gott“. Dieser kann eine fixe Idee sein, ein Prinzip, ein politisches, ethisches oder religiöses Ideal, das das reale Leben unterdrückt. Der Götzendiener verbietet sich jede Freude. Er kennt nur Pflichten und Normen. Er hat keinen aufrichtigen Kontakt zu seiner realen Persönlichkeit mit ihren Eigenschaften, Bedürfnissen und Ambivalenzen, sondern kultiviert ganztägig sein ideales Selbstbild, für das er jeden Tag enorme Summen an Lebenskraft investieren muss. Seine Seele schwankt daher zwischen Angst und falscher Überlegenheit, zwischen Schuld und Unnachgiebigkeit. Er weiß nicht, wie er „Sohn“ sein kann. Er ist unfähig, seine eigene Ohnmacht anzuerkennen, er gesteht seine eigene und die Verwundbarkeit der anderen nicht ein. Er erkennt den „Geist“ nicht an und gibt nicht zu, Liebe geben und empfangen zu wollen. Er ist nicht in der Lage, die Lebbarkeit des Lebens und der Tradition weiterzugeben. Der Götzendiener hat es vorgezogen, Stiefsohn vermeintlicher Väter (die in Wirklichkeit nur anonyme „Natur“ sind) zu sein, wie es etwa Konservatismus, Legalismus, Moralismus oder Dogmatismus sind.

Lügen. Sie sind typisch für jemanden, der gegen das Wort sündigt. Wer sich der Wahrheit widersetzt, setzt sich über das Wort hinweg und betrügt sich am Ende selbst. Wenn einer spricht, erwartet der andere, dass er sagt, wie er die Dinge sieht und was er aufrichtig über einen bestimmten Sachverhalt denkt. Wer hingegen lügt, missbraucht dieses Vertrauen, spielt mit dem Helldunkel der Dinge, um das Wahre hinter dem Dunst der Halbwahrheiten zu verstecken. Die Schlange in Genesis 3 und auch der Teufel in den Versuchungen Jesu in der Wüste sind Meister dieser lügnerischen Kunst der misstrauischen Unterstellung. Die Schlange erfindet ja keine neuen Worte, sondern verdreht die Worte, die Gott selbst gesagt hat. Genauso verdreht und betont der Lügner sie, reißt sie aus dem Zusammenhang, fixiert und versteift sie und repräsentiert damit den höchsten Theoretiker einer jeden Ideologie.

Neben dieser Art von Lüge gibt es vielleicht noch eine andere. Sie ist typisch für den unaufmerksamen Menschen, der andere täuscht, weil er sich selbst täuscht. Er sammelt Fetzen von Halbwahrheiten und näht sie zu einem Kleid zusammen. Er liebt Klatsch und Tratsch und stöbert gerne in den Schubladen des Lebens anderer Menschen. Und wehe demjenigen, dessen integres Bild hierbei Risse bekommt: Dieser wird sein nächstes Opfer. Nun brütet er endlos über beleidigende Worte, windet sich im Groll, aber Vorsicht: Er ist – einmal entdeckt – sehr geschickt in der Selbstrechtfertigung. Sein Gesicht ist eine Maske, die kein Zeichen des Nachgebens durchscheinen lässt.

Das Reich der Lüge ist das Reich des Klatsches, der falschen sozialen Konventionen, der gegenseitigen Schuldzuweisungen, der Ressentiments, das Reich derjenigen, die eine Perspektive zum Absoluten erheben, derjenigen, deren Seele sich um einen Minderwertigkeitskomplex windet. Die Lüge ist schließlich immer entpersonalisiert und gibt sich gerne ein Pseudonym.

Die christliche Offenbarung kann potenziell alle der oben erwähnten Dissonanzen beheben: Gegenüber der Überheblichkeit hat sich Gott in Jesus selbst aufgegeben, wobei die Demut Jesu weder erniedrigend noch demütigend, sondern freie und souveräne Hingabe ist. Gegen die Langeweile setzt sich die Logik der Auferstehung durch: Es ist die Macht des Vaters, die den Sohn aus dem Tod erweckt. Gegen die hysterische Besessenheit offenbart Gott die Schönheit des Sich-inkarnieren-Könnens, das heißt die Freude, wirklich und nur sich selbst zu sein. Angesichts der Idolatrie öffnet uns der Geist für das Unerhörte, für das „apriorische Wir", das sich in der Gemeinschaft, in der Liebe und in der Freundschaft bewahrheitet. Angesichts der Lüge zeigt uns das Christentum die Freude über die Relativität aller Dinge und das Ethos der Wahrhaftigkeit. Mit der Menschwerdung und der Gabe des Geistes wird das durch die Sünde zerstörte Verhältnis zwischen Gott und Mensch wiederhergestellt.[4] Und doch ist dies nicht genug. Genau besehen, hat auch die

---

[4] Analog zu dieser aus der Trinitätstheologie abgeleiteten „Sündenphänomenologie" sehe ich Karl Barths Versöhnungslehre, die die spiegelverkehrte Gegenseitigkeit von Gott und Mensch hervorhebt (vgl. *Kirchliche Dogmatik* IV, 1–3) und Elmar Salmanns Schöpfungslehre, die Schöpfung als „Übergang in/aus der Trinität" versteht, welche die Matrix anthropologisch-ekklesiologischer Strukturen bleibt (E. SALMANN,

christliche Offenbarung der Wahrheit innerhalb der Geschichte mit einem Werden und einem inneren Kontrast zu tun, die beide in der Struktur ihrer Mysterien liegen. Diese Offenbarung hat sogar mit den Wider- und Einsprüchen von außen zu tun, dem Risiko, abgelehnt zu werden – bis hin zum Kreuz. Das Geheimnis der wahren Liebe, das Jesus Christus offenbart hat, weckt in der Tat auf seltsame Weise Indifferenz, Abscheu, gar Intoleranz: Der Mensch hängt an seinen Abhängigkeiten, er will nicht geheilt oder gar erlöst werden; vielmehr neigt er dazu, in der Höhle seiner Illusionen bleiben zu wollen. So erhebt sich die Menschheit gegen das fleischgewordene Wort, unterwirft ihm einem Prozess. Der unschuldige Jesus steigt in den Tod hinein, bis zum äußersten Punkt der Unheilbarkeit des Menschen, um auch dort die heilsame Gegenwart Gottes zu offenbaren und am toten Punkt allen menschlichen Redens die Kommunizierbarkeit zwischen Gott und Mensch, zwischen Sünde und Gnade, zwischen Tod und Leben herauszustellen. Mit ihm wird die Liebe für immer *a-mors*, Beseitigung des Todes *(mors)*.

Neuzeit und Offenbarung. Studien zur trinitarischen Analogie des Christentums, Studia Anselmiana 94, Roma 1986, 317–353).

7.

Nichts Wesentliches wird verloren gehen

„La pensée n'est sérieuse que par le corps.
C'est l'apparition du corps
qui lui donne son poids, sa force,
ses conséquences et ses effets définitifs.
‚L'âme' sans corps ne ferait
que des calembours et des ‚theories'."
PAUL VALERY[1]

Die Körperlichkeit des Menschen ist rätselhaft. Einerseits *sind* wir unser Körper, andererseits *haben* wir einen Körper, der uns umgibt und uns Gesetzte vorgibt. Dieser ist die Umschlagstelle zwischen unserem Inneren und Äußeren, zwischen Sein und Haben, Subjektivität und Objektivität, Absolutheit und Fragilität, Transparenz und Undurchsichtigkeit. In seiner dritten cartesischen Meditation versucht Edmund Husserl (1859–1938), Klarheit in diese Doppelstruktur zu bringen, indem er zwischen den Begriffen „Körper" und „Leib" differenziert. Als wahrgenommenes Objekt, als Ding unter Dingen ist der Mensch Körper. Als wahrnehmendes, berührendes, tastendes, sich zur Welt verhaltendes Subjekt ist er Leib und somit kein verdinglichtes Objekt. Damit will Husserl den tausendjährigen Körper-Seele-Dualismus überwunden wissen, der zur ebenso lange

[1] P. VALÉRY, *Cahiers*, hrsg. von Judith Robinson, 2 Bde., Bd. 1, Bibliothèque de la Pléïade, Paris 1973, 1120.

währenden Vorstellung führte, dass die unsterbliche Seele nach dem Tod den sterblichen Leib verlässt und himmelwärts fliegt. Mit dieser von Platon im *Phaidon* eingeführten dichotomische Vorstellung, die später von Aristoteles zur Frage nach der „Zusammensetzung" von Materie und Form führte und zum philosophischen Gedankengut wird, hat die biblische Anthropologie nichts zu tun. Zwar dienen im Alten Testament verschiedene Leitbegriffe wie *basar, nefes, ruach, leb(ab),* um das Bild vom Menschen in seinen verschiedenen Eigenschaften zu bezeichnen. Dennoch wäre es ein Irrtum, diese Dimensionen als voneinander getrennt zu verstehen. Selbst wenn Genesis 2,7 davon berichtet, dass Gott den Menschen aus Staub bildete und ihm dann den Atem des Lebens einhauchte („näphäsch chajah"), gilt dieser Atem nicht als „Seele" im griechischen Sinne, sondern steht für „Leben": „näphäsch chajah" bedeutet nämlich, dass dieser eine lebende Kehle wurde. In biblischer Anthropologie hat der Mensch also keine Seele, sondern er ist Seele, genauso wie er keinen Körper hat, sondern Körper ist, sodass die von uns üblicherweise dem Körper zugeschriebenen Eigenschaften wie Hunger, Durst oder Sättigung von der Bibel gleichsam der „Seele" des Menschen zugeschrieben werden.

Dass das Hebräische der Leiblichkeit größte Hochachtung entgegenbringt, erklärt, weshalb im Alten Testament selbst für JHWH – für den Namen, der nicht ausgesprochen werden darf! – anthropomorphe Gottesbilder zu finden sind, wie etwa der Mund Gottes, der spricht; sein Blick, der sieht; seine Ohren, die hören; sein Arm, der rettet, wie seine wirkmächtigen Hände. Dies wirft ein beachtenswertes Licht auf das Verständnis der Gottebenbildlichkeit.

Der Unterschied zwischen JHWH und den Göttern anderer Völker liegt nur darin, dass der Erste dem Schicksal Israels mit Zuneigung und Sorge begegnet, während die toten Götzen „nur aus Silber und Gold [sind], Machwerk von Menschenhand. Sie haben einen Mund und reden nicht, sie haben Augen und sehen nicht, sie haben Ohren und hören nicht, sie haben eine Nase und riechen nicht; ihre Hände, sie greifen nicht, ihre Füße, sie gehen nicht, sie bringen keinen Laut hervor aus ihrer Kehle." (Ps 115,4–7).

Beim Übergang vom Alten zum Neuen Testament wurden die hebräischen anthropologischen Grundbegriffe ins Griechisch übersetzt (*Näphäsch* – *psyche* – Seele; *basar* – *soma* – Leib; *ruach* – *pneuma* – Geist), wobei deren Gehalt im Grunde bestehen blieb. Wenn dem so ist, dann darf man fragen, wo die Spiritualität des Körpers als „Grab der Seele", die einen großen Teil des späteren Christentums prägte, ihren Ursprung findet? Dieser Pessimismus geht auf die Rezeption des hellenistischen Menschenbildes durch viele Kirchenväter zurück.

Das Neue Testament aber stellt den Höhepunkt der Verherrlichung des Leibes dar, wie sie durch die Inkarnation des Logos und die leibliche Auferstehung bezeugt wird, die im Prolog des Johannesevangeliums mit einer für die griechische Welt skandalösen Aussage zum Ausdruck kommt: „ὁ λόγος σὰρξ ἐγένετο" (Joh 1,14). Was hier sowohl den Griechen als auch den Juden zuwider ist, ist nicht so sehr die Tatsache, dass ein Gott eine menschliche Gestalt annahm, um sich dem Menschen zu offenbaren – dieses Element war in der griechischen Religiosität und, auf ganz andere Weise, in der semitischen Tradition durch die Gestalt der Propheten tatsächlich vorhanden –, sondern Stein des Anstoßes war vor allem, dass der einzigartige und universale Logos in einer persönlichen Perspektive σάρξ wurde (etwa im Gegensatz zur Gnosis des Philo, für den der Logos nur eine vermittelnde Funktion einnimmt). „Das Wort ist Fleisch geworden" – die Gewöhnung an diese theologische Formel birgt die Gefahr, das Paradoxon zu überdecken. Nicht irgendeine Gottheit, sondern der Logos, das erhabenste Wort der griechischen Philosophie, das unbestechliche, immateriellste und allumfassende Prinzip, ist von sich her offenbar geworden und genauer noch als *sarx*, als sensibles und verletzliches, der Fäulnis unterworfenes Fleisch erfahrbar geworden.

Der Sohn nimmt die menschliche Natur an, Gott selbst wird Mensch und bleibt es bis in alle Ewigkeit. Es gibt also keinen Platz für irgendeine Form von spirituellem Abstraktismus im Namen der Inkarnation! In den Evangelien berührt die Gestalt Jesu und lässt sich selbst berühren. Es gibt zahlreiche Episoden, in denen Christus sein heilendes Wirken durch die Sprache der Sinne, der einschneidenden Berührung vollzieht (vgl. Mk 1,41; 3,10; 5,27–28.30–31; 7,33; 8,22; 10,13; Mt 8,3.15; 9,20–21.29; 14,36; 17,7; 20,34; Lk 5,13; 6,19; 7,14–39; 8,44–47; 18,15; 22,51). Deshalb folgte ihm die Menge, versammelte sich um ihn und „versuchte [...], ihn zu berühren; denn es ging eine Kraft von ihm aus, die alle heilte" (Lk 6,19).

Das Christentum ist die Verkündigung eines zuvor undenkbaren leiblichen Ereignisses. Von Bethlehem bis Jerusalem ist ein Körper der Protagonist. Dieser wahre Leib Jesu, der keine Sünde kennt, keimt im Schoß Marias, geht durch das Schlupfloch hindurch und kommt ans Licht, lernt, weint, lacht und wird zu einem erwachsenen, gequälten Leib, ans Kreuz genagelt, als Leichnam niedergelegt und als Leib am Ostermorgen verklärt.

Die entstehende Kirche verkündet mit der Auferstehung Christi auch die Auferstehung derer, die im Geist wiedergeboren werden. Es ist eine Verheißung, die auf eine tiefe, dem menschlichen Herzen innewohnende Angst antwortet: die Angst vor unserem Tod und dem unserer Geliebten. Doch die Auferstehung verblüfft selbst diejenigen, die beispielsweise an die spekulativen Abstraktionsflüge eines Pindars gewöhnt sind, wie etwa die Philosophen. Sinnbildlich dafür ist das grandiose Scheitern des Paulus auf dem Areopag in Athen (Apg 7,22–31). Mit rhetorischer Verve versucht der Apostel, die Osterbotschaft auf den Stumpf des heidnischen Humanismus aufzupfropfen: Jener „unbekannte Gott", den ihr anbetet, ohne ihn zu kennen, und den eure Philosophen und Dichter gefeiert haben, ist der auferstandene Gekreuzigte. Und hier der Knall: „Darüber wollen wir dich ein anderes Mal hören", sagen die Athener mit freundlicher Ironie (Apg 17,32). Die Enttäuschung ist so groß, dass Paulus von nun an das Kreuz ohne jede weitere Vorrede predigt: Es ist ein „Skandal", ein Stolperstein für die Juden und eine „Dummheit" für die Griechen, schreibt er an die Korinther (1 Kor 1,1–4.23). Selbst Immanuel Kant, der große Philosoph der Religion innerhalb der Grenzen der bloßen Vernunft, hat große Schwierigkeiten mit dem „Materialismus" der Auferstehung. Im Christentum bedeutet die Rede von der Auferstehung in der Tat die Ankündigung einer Erlösung, die aus dem Leib eines anderen gewonnen wird (vor jeglicher persönlichen Übereinstimmung mit der moralischen Pflicht!). Es handelt sich also um die höchste Behauptung des Anderen gegenüber der kritischen Vernunft. Und deshalb sieht sich Kant gerade im Namen der Aufklärung veranlasst, das Christentum zu vergeistigen, zu entmaterialisieren (in einer seltsamen Umkehrung der Perspektiven). Die Auferstehung ist daher für Kant nur in einem geistigen (das heißt moralischen) Sinn von Interesse. Diese Tendenz wird mit Rudolf Bultmann (1884–1976) in anderer Form wieder in den Vordergrund treten. Die Auferstehung sei eine Idee, ein Mythos und kein historisches Ereignis. Der moderne Mensch werde sich nur dann für den Glauben entscheiden können, wenn der Theologe die existenzielle oder ethische Bedeutung dieses „Symbols", die Moral der Fabel – wie wir sagen würden – erschließen könne. Aber es ist offensichtlich: Der Schritt von der „Spiritualisierung" zum „Projektionsverdacht" ist kurz. Und hier wuchern die Mutmaßungen über angebliche Halluzinationen: Die Ostererscheinungen wären etwa nichts anderes als die Frucht einer kollektiven psychologischen Halluzination, die ihren Ursprung im Trauma von Golgatha hätte. Hüten wir uns davor, den Skandal zu zähmen. Die christliche Tatsache ist nicht auf Formen des Spiritualismus, Idealismus, Psychohygiene oder des Humanismus reduzierbar.

> „Habt ihr etwas zu essen hier?", fragt der Auferstandene die Jünger am See Genezareth. „Fasst mich doch an und begreift: Kein Geist hat Fleisch und Knochen, wie ihr es bei mir seht. [...] Sie gaben ihm ein Stück gebratenen Fisch; er nahm es und aß es vor ihren Augen" (Lk 24,38–42). „Streck deinen Finger hierher aus und sieh meine Hände! Streck deine Hand aus und leg sie in meine Seite und sei nicht ungläubig, sondern gläubig!" (Joh 20,27).

Wäre es eine literarische Fiktion gewesen, hätten sich die Autoren sicherlich eine Inszenierung ausgedacht, die ihrer Kultur besser entspräche. Aber nein: Die Ostererzählungen haben nichts von einem zurückhaltenden Christus, der die

Leinwände von „Noli me tangere" bevölkert – von dem auch Jean-Luc Nancy (1940–2021) spricht.[2] Bei Giotto, Bronzino und Rembrandt weicht Christus der weiblichen Berührung aus. Tizian, Pontormo und Dürer überlagern die beiden Figuren von Jesus und Maria Magdalena im Raum und lassen die Frage offen, ob sie ihn berührt hat; bei Alonso Cano hingegen legt der Meister seine Hand auf den Kopf der Frau. Die Gabe dieser Kunst besteht darin, den schroffen Imperativ der lateinischen Vulgata: „Noli me tangere – Berühr mich nicht!" in melancholische Schönheit zu übersetzen. Es ist jedoch möglich, das Verbot ein wenig abzumildern. Ein besonderes Augenmerk sollte dabei auf dem Originaltext liegen, der nämlich den Imperativ Präsens von ἅπτομαι enthält, der eine Handlung von bestimmter Dauer ausdrückt. Wir können es mit „halte mich nicht an" übersetzen oder mit der eher umgangssprachlichen Formulierung „halte mich nicht fest". Die Bedeutung des Verbs ἅπτομαι (lat: *apere*, nicht: *tangere*) schwankt zwischen körperlicher Berührung und Belästigung (vgl. 1Kor 7,1). Warum also den Kontakt zwischen den beiden vermeiden? Wichtig ist dabei, dass es im gesamten Neuen Testament keine ätherische Vision der Auferstehung gibt. Und das sollte nicht überraschen. Denn eine Abschaffung der Leiblichkeit würde uns direkt in den Doketismus führen, für den Jesus wie ein Hologramm war. Ebenso ungünstig ist der entgegengesetzte Reduktionismus, der stattdessen die Empirie betont und die Auferstehung als Wiederbelebung eines Leichnams betrachtet. Wie können wir aus diesen Sackgassen entkommen? Eine Möglichkeit bietet uns gerade die zu Beginn erwähnte

---

2 J.-L. Nancy, *Noli me tangere. Aufhebung und Aussegnung des Körpers*, übersetzt von Christoph Dittrich, Diaphanes, Zürich 2008.

Unterscheidung zwischen Körper und Leib. Der Leib des Auferstandenen hat nichts von dem verloren, was seinen Körper wirklich ausgemacht hat (Stigmata und Stimme, Zuneigung, Emotionen und Erkenntnis). Der materielle Aspekt wird also nicht verdrängt, sondern verklärt. Das ist keine Übertreibung, sondern ein echtes Paradoxon, das uns gar nicht so fremd ist. *Si parva licet* verkörpern nämlich auch wir ein geheimnisvolles Missverhältnis in unserem Leib-Körper-Sein. In der Erfahrung von Bescheidenheit, Scham, Freude, Schmerz, Intimität wird das Leibliche in der Transparenz des Körpers freigelegt. Umgekehrt ist der Körper das Vehikel, um unser Intimstes zu erreichen. Gerade zu diesem Rätsel hat die christliche Hoffnung etwas zu sagen. Nichts Wesentliches wird verloren gehen und auch nichts Verwundetes wird vergessen. Ist die Auferstehung also ein Paradox? Gewiss ja, aber wir selbst nicht viel weniger.

Ausblick

Engelsam

„Sie lesen, lesen aus,
lieben, sie lesen immer,
und nie vergeht, was sie lesen.“
AUGUSTINUS VON HIPPO[1]

„Die Seele nährt sich nur von dem, was sie erfreut“ – mit diesen Worten aus den *Confessiones*[2] verweist Augustinus auf die Freude als das eigentliche Movens jeder Erkenntnisbemühung. Dieselbe Freude mag auch dieses kleine Buch tragen. Und wenn die Theologie eine große Symphonie wäre, dann wären diese Seiten gewiss nur ein *Scherzo*. Als das „Scherzo Gottes im Konzert der Schöpfung“ bezeichnete Elmar Salmann einmal die Engel, sodass ich mich nun frage, ob die hier vollzogene Art der Hermeneutik einem *divertissement* oder eher einer „engelsamen“ Dynamik ähnelt. Denn auf leichte und heitere Weise bevölkern die Engel den Raum zwischen Himmeln und Erde, Gott und Menschen, Menschen und Dämonen. Sie sind atmosphärische kommunikative Zwischenwesen, Boten der Übersetzung zwischen Welten. Gerade aufgrund ihrer Vermittlungsfunktion haben sie über die Jahrhunderte hinweg eine eminente Rolle in der Theologie gespielt. Die Engel-

---

1 AUGUSTINUS VON HIPPO, *Confessiones*, lib. 13, cap. 15,18: „Legunt, eligunt et diligunt; semper legunt et numquam praeterit quod legunt“.
2 Ebd., lib. 13, cap. 27, 42.

lehre wurde im Mittelalter eine Art Denklabor, um schwierige Grenzfragen zu diskutieren, wie die nach dem Verhältnis zwischen Zeit und Ewigkeit, Wort und Sprache, Sprache und Erkenntnis. Doch überraschenderweise nahm das Interesse der Theologie an den Engeln im Laufe des letzten Jahrhunderts rapide ab.

Diese ließen sich aber keineswegs durch den Federstrich eines Theologieprofessors vertreiben, sondern gingen Autoren besuchen, die wenig mit der institutionellen Religion anfangen konnten: Rainer Maria Rilke, Franz Kafka, Paul Klee, Walter Benjamin, C. G. Jung, Henry Corbin, Eugeni d'Ors, Jean-Luc Nancy, Luigi Nono, Massimo Cacciari, Giorgio Agamben – um nur einige zu nennen. Können wir aber wirklich annehmen, dass diese meist agnostisch-aufgeklärten Menschen an Geister glaubten? Gewiss nicht. Worauf deutet also das unbestreitbare Interesse dieser Autoren an den Engeln hin? Ich glaube, der entscheidende Grund für die Hochkonjunktur der Engel in der spätmodernen und hochtechnisierten Kultur besteht darin, dass sie nicht die Macht, sondern die *Ohnmacht der Sprache* zum Ausdruck bringen. Im Zeitalter der technischen Reproduzierbarkeit (so Benjamin), das heißt des allgegenwärtigen Positivismus der Technik, die die Bedeutungen auf messbare Werte und die Kunstwerke auf Reproduktionen reduziert, verweisen die Engelgestalten immer noch auf den ereignishaften und unerschöpflichen Charakter der Sprache und der künstlerischen Ausführung. Denn die Worte der Engel – genauso wie die Sprache der Musik, der Kunst, der Dichtung – entsprechen dem Sich-Geben eines Unaussprechlichen gerade dort, wo es sich entzieht. Inspiriert von einem gleichnamigen abstrakten Bild von Paul Klee („Engelsam", 1939) könnte die hier versuchte kleine Theologie des „positiven Vielleicht" als eine „engelsame“ Hermeneutik bezeichnet werden: vom „Engel“ zum „Engelsam“, das heißt vom Objekt eines Glaubens zu einer Dynamik der Transzendierung, der Über-setzung, der Übertragung zwischen den Welten, ohne dass sie sich je ganz träfen. Und doch ereignet sich in jeder engelsamen Annäherung für einen Augenblick ein Berühren – ähnlich der Legende von den Engeln, die nur einen Tag lang Gott loben und dann verlöschen, bis am darauffolgenden Tag neue Engel entstehen. „Engelsam“ ist somit alles, was genau hier und jetzt zu mir spricht, mich berührt, in die Tiefe geht, ohne dass ich dieses Berührt-werden je kontrollieren, beschleunigen oder reproduzieren könnte. Diese Dynamik faszinierte auch die erwähnten Autoren, welche schließlich eine Vorliebe für die Engelgestalt an den Tag legten und somit einen Sinn für den Einbruch in alles Lineare bezeugen. Dennoch verleihen sie diesen engelhaften Augenblicken eine andere Bedeutung als die Theologie. Daher kann ihre Hermeneutik zwar als eine „engelsame“ bezeichnet werden, allerdings im Unterschied zur Idee des vorliegenden Buches. Die Grenzen zwischen einer solchen Philosophie und einer Theologie des „positiven Vielleicht“ in den Blick zu bekommen, soll uns die Angelologie nur die Richtung weisen.

Traditionell gibt es zwei Leitmotive in der jüdisch-christlichen Engellehre: Diese schreibt den Engeln neben der *Anschauung Gottes* (das heißt einer kontemplativen Funktion) auch die Teilnahme an der *Weltherrschaft Gottes*[3], das heißt

[3] Dante Alighieri, *Gastmahl*, 2, 4, 10–12. So G. Agamben, *Einführung*, in *Angeli: Ebraismo Cristianesimo Islam*, a cura di G. Agamben – E. Coccia, Neri Pozza, Vicenza 2011, eBook, 5–41.

eine administrative Funktion zu. Wenn nämlich der hochtranszendente Gott nicht unmittelbar in die Welt hinein agieren will, übernehmen die Engel als niedrigere Transzendente die Aufgabe, Gottes Befehle zu erfüllen. Sie steigen die Himmelstreppe hinauf und hinunter, um den Menschen vor dem Bösen zu schützen oder ihm eine Botschaft zu überbringen. So spricht die Bibel von himmlischen Heerscharen von Engeln, von Thronen, Herrschaften, Mächten, Gewalten (Kol 1,16); von zweihundert Millionen Engeln ist in der Offenbarung des Johannes (9,6) die Rede, und Pseudo-Dionysius Areopagita sprach von einer Engelshierarchie. Die Engelgestalten tauchen immer an der Schwelle, an entscheidenden oder kritischen Stellen eines Lebens auf. Im Neuen Testament erscheinen sie nur am Anfang und am Ende des Lebens des Erlösers: bei der Empfängnis und der Geburt Jesu (Mt 1,20–21; Lk 1,26–38; Lk 2,8–13), im Traum dem Josef, wo ein Engel ihn zur Flucht nach Ägypten auffordert (Mt 2,13) sowie bei der Auferstehung Jesu von den Toten (Mt 28,1–8; Mk 16,1–8; Lk 24,1–8; Joh 20,11–18). Engel dienten Jesus, nachdem er die Versuchung in der Wüste überwunden hatte (Mk 1,13), und ein Engel tröstete ihn in Gethsemane, bevor er vor Gericht gestellt wurde (Lk 22,43). Dante Alighieri platziert deshalb immer wieder Engel an den Übergängen zwischen Hölle, Fegefeuer und Paradies. Soweit zur administrativen Funktion der Engel.

Wir erkennen ein weiteres Motiv, das der Verehrung und *Anschauung Gottes*, das in den Klangfarben von musizierenden Engeln, Engelchören und in den liturgischen Lobgebeten und Akklamationsformeln Gestalt gewinnt. Interessant ist dabei, dass die islamische Theologie im Gegensatz zur jüdisch-christlichen Theologie vor allem diese kontemplative Funktion der Engel hervorhebt. Das bedeutet nicht, dass die Funktion der Engel als Boten und Helfer Gottes im Islam nicht vorhanden wäre, aber die Engel wurden in erster Linie geschaffen, um Gott zu verherrlichen. Ein Spruch, der dem Propheten Muhammad zugeschrieben wird, lautet: „Die Himmel knarren, und das ist auch gut so, denn es gibt keinen fußgroßen Raum in ihnen, in dem sich nicht ein Engel niedergebeugt oder niedergeworfen hätte".[4]

Im Licht dieser Unterscheidung zwischen *administrativer* und *kontemplativer* Funktion können wir nun zur Anfangsfrage zurückkommen: Worauf deutet das Interesse unserer nachmodernen Autoren an den Engeln hin? Die Antwort darauf liefert uns Rainer Maria Rilke, der in einem Brief vom 13. November 1925 schreibt: „Der Engel der *Elegien* hat nichts mit dem Engel des christlichen Himmels zu tun (eher mit den Engelgestalten des Islam)."[5] Und tatsächlich – mit wenigen Ausnahmen (wie etwa von Walter Benjamin, der Klees *Angelus novus* gerade mit der Gestalt der Geschichte identifiziert) – bezeugen die Engel für die genannten Autoren nicht ein messianisches Handeln Gottes in der Zeit, sondern repräsentieren die philosophische Grundfrage nach der Darstellung, *nach den Grenzen der Sagbarkeit.* Dies sollte nicht überraschen, weil doch genau dieses Problem die mitteleuropäische Kultur am Übergang vom 19. zum 20. Jahrhundert in den Bann gezogen hatte: Kann die Sprache eine Bedeutung erschöpfend einfangen? Von dieser Frage waren die philosophischen und künstlerischen Avantgardisten rund um die Wiener *Fin-de-siècle* Kultur tief ge-

[4] Der Analyse Giorgio Agambens verdanke ich das Zitat und diese hermeneutische Perspektive: ebd., 31.

[5] R. M. Rilke, *Brief an Witold Hulewicz, 13. November 1925,* in Ders., *Briefe aus* Muzot 1921–1926, hg. von Ruth Sieber-Rilke u. Carl Sieber, Leipzig 1935, 330–338, hier: 337.

prägt.[6] Sie wollen bestimmen, was gesagt werden kann, und doch wissen sie, dass die Sprache die Bedeutung nie erschöpfend einzufangen vermag, sondern stets auf ein Unsagbares verweist – sei dies nun eine Verheißung oder eine Bedrohung –, das gerade als solches auf die Erfahrung einwirkt. Man denke nur an das „Mystische“ von Wittgenstein, an das „Unbewusste“ von Sigmund Freud, aber auch an die Stille als Grundkomponente der Musik bei Anton Webern, an die Aufhebung der Tonalität bei Schönberg, an den „Brief des Lord Chandos an Francis Bacon“ von Hofmannsthal, an das Hauptwerk Robert Musils, an „Über das Geistige in der Kunst“ von Kandinsky, an das Unsagbare von Georg Trakl oder an die schwebenden Töne von Robert Walser, der schreibt: „Mir fehlt etwas, wenn ich keine Musik höre und wenn ich Musik höre, fehlt mir erst recht etwas.“

Mit ihrem Denken oder ihrer Kunst provozieren diese Autoren, sich an dem Anspruch zu messen, das Un-heimliche zu erblicken, das Fehlende wieder bewusst wahrzunehmen, in den Zwischenraum von erstem und letztem Ton einzutreten, und so offenzubleiben für das stille Unerwartet-Neue. Darin sehe ich ein erstes „engelhaftes“ Element. Um es vorwegzusagen: Selbst, wenn dieses – wie die beiden anderen Analogien, die ich erwähnen werde – äußerlich bisweilen an die administrative Funktion der Engel erinnert, so sind seine Inhalte für die oben genannten Autoren Ergebnis einer hermeneutischen Dynamik, die keineswegs von einem unbedingten Vorbild oder vom Gott als Ursprung bzw. Schöpfer ausgehen.

---

[6] Dazu: M. Cacciari, *Dello Steinhof,* Adelphi, Milano 1980; *Icone della legge,* Adelphi, Milano1985 (dt. Übersetzung von Nils Röller, *Ikonen des Gesetzes,* Wilhelm Fink Verlag, München 2018).

Ein erstes Kennzeichen dieser engelsamen Hermeneutik ist, die etablierten Gemeinplätze und die bestehende Ordnung der Dinge in Frage zu stellen. Und das ist traditionell typisch für die Engel. Dem zerstörten Volk verkündet ein Engel den Sieg (Ri 6,11–23), der unfruchtbaren Frau wird eine Schwangerschaft angekündigt (Ri 13,2–22), den trauernden Frauen vor dem Grab die Auferstehung (Mt 28,1–8). „Das Engelswort", so Michel De Certeau, „stellt eine Möglichkeit und ein Mögliches wieder her – es ist metaphorisch, ein Übergang zu einer anderen Gattung, die Erfindung eines anderen Raums, die Erfindung eines Möglichen innerhalb dessen, was die Tatsachen als unmöglich feststellen".[7] Analog dazu versuchen viele der oben genannten Autoren, den Un-Grund und Ab-Grund der Sprache offenzuhalten, den un-heimlichen Hintergrund zu bekunden, vor dem alle Möglichkeiten als solche gebildet werden und in sich zugleich stets möglich und unmöglich sind.

Ein zweites engelhaftes Element findet sich in dem Wort-Schweige-Verhältnis. Engel sind Stimmen, die aus der Stille herkommen. Der Engel sagt nur das, was von ihm selbst wahrgenommen wird – genauso wie es bei der Musik der Fall ist. Seine Sichtbarkeit ist flüchtig, schwer fassbar. Im Grunde ist er keine Gestalt, sondern eine Botschaft und verschwindet, nachdem er sie ausgesprochen hat. Dieses Klang-Wort-Stille-Verhältnis ist auch für viele der erwähnten Autoren entscheidend.[8] Es wäre jedoch ein großer Fehler, die-

---

7 M. DE CERTEAU, *Il parlare angelico. Figure per una poetica della lingua (Secoli VI e XVII)*, a cura di C. Ossola, Leo S. Olschki Editore, Firenze 1989, 200. Eigene Übersetzung.

8 Vgl. CACCIARI, *L'angelo necessario*, Adelphi, Milano 86, dt. Übersetzung von Reinhard Kacianka, *Der notwendige Engel*, Ritter Verlag, Klagenfurt 1987.

ses ursprüngliche Schweigen in einem mystischen oder ikonoklastischen Sinne zu interpretieren. Einerseits darf das Schweigen, um das es hier geht, nicht mit einem mystischen Schweigen verwechselt werden, das heißt mit einem Schweigen, das der Sprache entgegengesetzt ist, als wolle es den Logos unterdrücken, verschlucken. Im Gegenteil, ihr Schweigen ist *keineswegs der Tod des Ausdrucks.* Andererseits sollte man ihr Beharren auf dem Schweigen auch nicht als Kritik am Primat des Sehens und Schreibens verstehen, das ja in unserer Kultur vorherrscht. Auch hier gilt: Ihr Schweigen ist *keineswegs der Tod des Sinns, des Wortes oder der Wahrnehmung*. Vielmehr erforschen sie im erkenntnistheoretischen, künstlerischen oder musikalischen Bereich die dialektische Spannung zwischen Wort und Klang, Bild und Nicht-Darstellbarem, zwischen Vorstellung und Repräsentation, Ikone und Realität, zwischen Akzent und Gesang, Libretto und Partitur. Wer Schönbergs oder Weberns Musik hört, wird eingeladen, sich eines Mangels bewusst zu werden, zu erkennen, dass wir selbst die Kunst des Hörens verloren haben. Kandinsky oder Klee geht es immer um eine Alteritätsmarkierung, um eine Negation angesichts eines Mehr und Anders, das andernfalls unerkennbar geblieben wäre. So erweisen sich ihre Werke als ein Absenzdiskurs, „ein Absenzdiskurs allerdings, in welchem auf paradoxe Weise [...] gerade das Abwesende als Abwesendes *gegenwärtig* wird“[9]; wie es bei Luther heißt: *absconditus in revelatione – revelatus in absconditate.*

[9] J. Negel, *„Weiße Ekstase“ oder die Unmöglichkeit, Gott zu erfahren, als Bedingung der Möglichkeit der Gotteserfahrung. Ein Versuch*, CMZ Verlag, Rheinbach 2016, 47.

Abschließend noch eine letzte Analogie: Wenn die Engel erscheinen, sind sie immer „personalisierend", das heißt sie sprechen die Menschen an, sie ermöglichen unerhörte Kommunikation – dagegen wirken die Dämonen immer „entpersonalisierend", denn sie zerstören die Person und die Kommunikation: „Mein Name ist Legion, denn wir sind viele" – sagt der besessene Mann im Markus Evangelium (Mk 5,1–20). In diesem Sinne könnte man diese Art von Hermeneutik mit ihren drei Kennzeichen auch als Versuch lesen, den Menschen zu seiner Transzendenz zurückzuführen und ihn zu seinem eigenen Grund zurückkehren zu lassen. Diese Autoren lehren uns: wenn die Perspektive des Darüber-Hinaus verloren geht, wenn das ursprüngliche Hören von den Menschen nicht mehr als notwendig empfunden wird, dann geht gleichsam der Sinn unseres Seins selbst verloren. Eines Daseins, das stets „Außerhalb-von-Sich-Selbst" ist, das immer über sich selbst hinausgeht, das nicht zu bändigen ist. Das ist der Mensch. Und gerade deshalb erweist sich der Engel zu jeder Zeit als mehr als notwendig. Seine Kraft ist die des dichterischen Wortes, das vielleicht das alltägliche Wort des Menschen am ersten Tag der Schöpfung war. Die verlorene Tiefe dieser Sprache ist das, was uns eine „engelsame" philosophische Hermeneutik wiedergeben kann. Sie will uns daran erinnern, dass „jedes Wort ... ein Bündel von Bedeutungen [ist], die nicht auf einen Punkt zulaufen, sondern in verschiedene Richtungen ausstrahlen. ‚Sonne' zu sagen bedeutet, eine sehr lange Reise einzutreten ... [und] Sprechen, immer auf dem Weg zu sein".[10] Ist gerade das nicht vielleicht ein gutes Vorspiel zur Theologie?

---

[10] O. Mandel'štam, *Discorso su Dante*, in *Sulla poesia*, Bompiani, Milano 2003, 121; 130. Eigene Übersetzung.

Dank

Dieses Buch sammelt Überlegungen, die während meiner Lehrjahre in Molfetta, Bari, Rom, Siegen, Münster und Köln entstanden sind. Ihr Sitz im Leben war der mündliche Diskurs, das Bemühen, Fragen zu beantworten, die sowohl von jenen gestellt wurden, die eine gewisse Skepsis gegenüber der christlichen Religion hegen, wie von jenen, die noch „religiös musikalisch“ sind, als auch von jenen – der Mehrheit –, die angesichts des christlichen Anspruchs von gemischten Gefühlen und „doppelten Gedanken“ (Italo Mancini) bestimmt bleiben. Diesen nie abgeschlossenen Dialogen gegenüber erfüllt mich eine tiefe Dankbarkeit. Dasselbe gilt für das Lektorat durch meinen Assistenten, Herrn Dr. Sebastian Wolter, die Wissenschaftliche Hilfskraft am Lehrstuhl „Philosophie und Dialog mit der Gegenwartskultur“ (KHKT), Herrn Maurice Passoth und Herrn Thomas Iking. Für die Aufnahme dieses Werkes in das Programm des Verlags Herder und die Begleitung bei der Drucklegung danke ich Herrn Dr. Stephan Weber.